Aus der Geschichte von Stadt und Grafschaft Erbach

Band 7

Herausgeber:
Magistrat der Kreisstadt Erbach im Odenwald
und
Historischer Verein für die Kreisstadt
und ehemalige Grafschaft Erbach e. V.

Den ersten ausgebildeten
Gästeführerinnen des Odenwaldes
gewidmet.

Schenk Erasmus von Erbach (1466-1503), Aquarell von Christian Kehrer.

Erbach im Odenwald
Wappen erzählen Geschichte

Peter W. Sattler
Helga Bartmann

M&K Satz-, Druck- und Verlags-GmbH
Michelstadt-Steinbach

Umschlagfotos:	Helga Bartmann, Willi Weckbach
Kurztitel:	Sattler/Bartmann - Wappengeschichte Erbach
Herausgeber:	Magistrat der Kreisstadt Erbach im Odenwald und Historischer Verein für die Kreisstadt und ehemalige Grafschaft Erbach e.V.
Gesamtherstellung:	M&K Satz-, Druck- und Verlags-GmbH, Michelstadt-Steinbach
Schrift:	Original Garamond
Papier:	Okastar Bilderdruck chlorfrei TCF

ISBN 3-9801518-3-2

Erbach im Odenwald

WAPPEN ERZÄHLEN GESCHICHTE

Geleitwort

Gerne habe ich mich bereiterklärt, mit einem Vorwort in bescheidenem Maße zu diesem Buch beizutragen.

Den Autoren ist es gelungen, dem Leser spannend und aufschlußreich die Bedeutung von „Wappen“ nahezubringen.

Gerade in unserem schönen Städtchen begegnet man den verschiedenen Wappen als Zeugen vieler Jahrhunderte auf Schritt und Tritt.

Zum erstenmal sind sämtliche in Erbach befindlichen Wappen in mühevoller Kleinarbeit aufgestöbert und in reichhaltiger Form hier dem Leser vorgestellt.

Das gräfliche Haus hat die Arbeit der Autoren gerne unterstützt.

Ich wünsche den Autoren viel Erfolg und den Lesern spannende Unterhaltung bei der Erforschung der vielen Wappen unserer Heimatstadt.

Eberhard Erbgraf zu Erbach

Erbach, im Mai 1998

Grusswort

Die Kreisstadt Erbach im Odenwald ist mit ihrem Grafenhaus geschichtlich eng verbunden. Nach dieser Stadt haben sich die Schenken und späteren Grafen von und zu Erbach genannt. Dieser Adels- und Familienname hat die Stadt Erbach weltweit bekannt gemacht, wie überhaupt die Herren von Erbach die maßgeblichen und hauptsächlichen Kulturträger für das Land waren und das über tausendjährige Grafengeschlecht bis 1806 das Schicksal und die Geschicke Erbachs und seines Umlandes, ja fast des gesamten zentralen Odenwaldes in den Händen des Grafengeschlechts derer von und zu Erbach lagen: wirtschaftlich, kulturell und politisch.

Die drei Sterne im Wappen der Grafenfamilie begleiteten symbolisch den gemeinsamen Weg durch die Geschichte, und die drei Sterne der Grafen zu Erbach sind auch die guten Sterne der Kreisstadt Erbach, damals und heute. Erinnert wird hier an die Schloßsammlungen, den Eulbacher Park, den Erbacher Wiesenmarkt und an das Deutsche Elfenbeinmuseum, zu dem allem das Grafenhaus, in welcher Form auch immer, Veranlassung gegeben hat. Was also liegt näher, als über die Wappen die Geschichte von Grafenfamilie und Stadt Erbach aufzurollen? Wappen sind ja Kurzfassungen von geschichtlichen Ereignissen und Epochen. Sie sind deren Spiegelbilder in Zeitraffung und springen zudem ästhetisch-künstlerisch ins Auge.

Im Schloßhof beginnend, wird zum geschichtlichen Rundgang durch das Städtel eingeladen. Von dort aus kann der interessierte Gast das Stadtgebiet erkunden und seinen Informationsradius immer weiter ziehen. So erfährt er dann auch etwas über die Geschichte des Odenwaldkreises.

In ansprechender Weise, mit vielen farbigen Fotografien und kurzgefaßten, in sich abgeschlossenen Textbeiträgen wird der Leser durch die Lokalgeschichte geführt. Dabei wird er auch mit überregionalen Bezügen in Verbindung gebracht. Die Künstlerin Gertraude Mohr hat geschmackvolle Illustrationen beigesteuert, die das Buch noch attraktiver machen.

Es ist den beiden Autoren Dr. Peter W. Sattler und Helga Bartmann gelungen, den Leser anschaulich durch die Geschichte Erbachs, ja gelegentlich durch den ehemals Gräflich Erbachischen Odenwald zu führen ohne ihn mit Zahlen und allzuviel Daten und Fakten zu konfrontieren. Bildend unterhaltend stimmen sie geschichtlich ein, mit Feder und Foto, um die Vergangenheit zu erkunden. Denn nur, wer diese kennt, kann aus ihr lernen, weiß die Gegenwart zu verstehen und kann die Zukunft mitgestalten. Immer werden dabei die Grafensterne den an der Geschichte Interessierten begleiten, die guten Sterne Erbachs und des Odenwaldkreises.

Dieses wünscht Ihnen allen der Magistrat der Kreisstadt Erbach im Odenwald, der Stadt des Hessentages 1998.

Uwe Hartmann
Bürgermeister

Erbach, im Mai 1998

Grusswort

Vielen wird die Heraldik - die Lehre von den Wappen und der Wappenkunst - sicherlich fremd vorkommen, hat sie doch ihre eigene, ungewohnte Sprache und Begrifflichkeit, so daß man hinter der Wappenkunde eher eine „Geheimlehre“ vermuten mag. Weit gefehlt: Richtig betrachtet, bieten Wappen und die Heraldik überhaupt zunächst etwas fürs Auge - sind die meisten Wappen doch offen zugänglich angebracht.

Für den Interessierten eröffnen heraldische Zeugnisse einen reich façettierten Ausblick auf die Genealogie z.B., die Territorialgeschichte einer Familie oder einer Herrschaft.

Dies alles muß jedoch einem (Orts-)Unkundigen verschlossen bleiben; und die Wappen sind lediglich schmückendes, manchmal architektonisches, Beiwerk, wenn nicht die Möglichkeit zur Interpretation gegeben ist.

Mit dem vorliegenden Buch nun ist dazu ein hilfreicher Schritt getan. Dr. Peter W. Sattler und Helga Bartmann haben einen handlichen Führer für Erbach erstellt, der dem interessierten Laien mehr als nur erste Einblicke in die Erbacher Wappenwelt bietet, darüber hinaus zu einer Weiterbeschäftigung mit der zuweilen rätselhaft erscheinenden Materie und der darin zum Ausdruck kommenden Geschichte dieser Odenwälder Herren und Herrscher, ihres Hauses und Landes einlädt.

Dieser reich bebilderte Band 7 der Schriftenreihe des Historischen Vereins für die Kreisstadt und die ehemalige Grafschaft Erbach beschränkt sich in seiner Darstellung nicht allein auf den Bereich der früheren Residenz der Grafen zu Erbach, die Stadt also, sondern beleuchtet auch die weitere Umgebung bis hin nach Seligenstadt am Main oder nach Schönberg an der Bergstraße.

Horst Anthoni
Vorsitzender
des Historischen Vereins
für die Kreisstadt
und die ehemalige
Grafschaft Erbach e. V.

Erbach, im Mai 1998

Vorwort der Autoren

Das Buch „Erbach im Odenwald - Wappen erzählen Geschichte" will den Leser, vor allem den Besucher des Odenwaldes, mit der Geschichte des Odenwaldkreises im allgemeinen und der Kreisstadt Erbach im besonderen in Berührung bringen.

Wappen sind Spiegel der Heimatgeschichte. Es gilt, in diese Wappen hineinzusehen, um die Geschichte der Heimat zu erblicken.

Durch zahlreiche Querverbindungen werden die Wappen und ihre Träger in vergleichender Sicht dargestellt, zueinander in Beziehung gebracht und historische Quer- und Längsschnitte gezogen. Damit sollen geschichtliche Strukturen und Werdegänge in einer geschichtsträchtigen Wappenlandschaft aufgezeigt werden.

Der „rote Faden" sind dabei die Sterne, die Sterne der Schenken und Grafen zu Erbach, die auch zu denen der Stadt gleichen Namens geworden sind. Sie führen zur und begleiten durch die Geschichte, nicht nur des Grafenhauses, sondern auch der Stadt Erbach, der ehemaligen Grafschaft Erbach und des heutigen Odenwaldkreises. Geographisch gesehen sind ja die letzten beiden politischen Raumeinheiten nahezu identisch.

Wer Geschichte kennt, versteht auch die aus ihr hervorgegangenen Wappen. Wappen können aber auch ebenso zur Geschichte hinführen. Diesen Weg wollen wir beschreiten, Wappen wollen wir zum Einstieg in die Geschichte benutzen, wollen sie zum Reden bringen, wenn sie selbst schon nicht zu uns reden, wie es „sprechende, redende“ Wappen von sich aus tun. Wir wollen das geschichtliche Bewußtsein wecken, wachhalten und fördern, indem wir die Sprache der Wappen verstehen lernen, um dann das Wappen analysieren zu können. Dabei treten wir in Kontakt mit der allgemeinen Geschichte (Reichsgeschichte), aber auch mit der Territorial-, Bau-, Kunst- und Familiengeschichte.

Das Bekenntnis zur Geschichte über die Wappen bleibt unvollständig ohne Kenntnis der Grundzüge des Wappenwesens. Deshalb haben wir unseren wappenkundlichen Rundgängen zur Einstimmung einige Bemerkungen vorangestellt. Auch die Träger des Sternenwappens stellen wir vor, um das geistige Umfeld ihres Wirkungsbereiches zu umreißen.

Alle auf unseren Rundwanderungen zu entdeckenden Wappen haben wir mit Farbfotos dargestellt, dazu Schwarz-Weiß-Abbildungen beigegeben und wappenkundliche Beschreibungen hinzugefügt. Wer sich intensiver mit der Geschichte vertraut machen will, der kann seine Kenntnisse vertiefen durch die Lektüre der den wappenkundlichen Rundgängen nachgestellten Kapitel.

Es ist uns eine angenehme Pflicht, all denen Dank zu sagen, die uns bei der Erstellung dieses Buches behilflich waren: Sigrid Benitz, Ingeborg Diersch, Angela Dingeldein, Helmut Dortmann, Manuela Kumpf, Dietmar Lehmann, Marion Sattler, Walter Roggenbuck, Uli Steiger und Paul Wagenknecht, ferner den Firmen und Institutionen Erbacher Brauhaus J. Wörner & Söhne KG, Foto-König, Erbach, Gräflich Erbach-Erbach und Wartenberg-Rothsche Rentkammer, Historischer Verein für die Kreisstadt und ehemalige Grafschaft Erbach e.V., Magistrat der Stadt Erbach, Sparkasse Odenwaldkreis, Kreisausschuß des Odenwaldkreises und Volksbank Odenwald eG.

Unser ganz persönlicher Dank gilt Gertraude Mohr, die mit ihrem Zeichenstift eindrucksvolle Motive aus Erbach geschaffen, damit für eine freundliche Gestaltung gesorgt und somit einen wesentlichen Beitrag zur Illustration des Buches geleistet hat.

Immer auf die vielseitigen Wünsche der Verfasser eingehend und mit großer Sorgfalt erledigte die M&K Satz-, Druck- und Verlags-GmbH die gestalterische und drucktechnische Arbeit. Deshalb sind auch Volker Mackenbach und seine Mitarbeiter in unseren Dank eingeschlossen.

Wir hoffen, dem Leser, dem Einheimischen wie dem Gast, einen geeigneten Führer an die Hand zu geben, der seinen Vorstellungen und Bedürfnissen entgegenkommt. Wenn es uns gelungen ist, Interesse geweckt, der Heimatgeschichte im allgemeinen und der Wappenkunde im besonderen, neue Freunde hinzugewonnen zu haben, dann hat sich unsere Arbeit gelohnt.

Dr. Peter W. Sattler
Helga Bartmann

Erbach, im Mai 1998

1. Kraftvoll: Born der Geschichte

Wappen erzählen Geschichte: In diesem Zusammenhang sind die Worte des Grafen Ernst zu Erbach-Erbach (1845 - 1889) Programm, und seine Feststellung läßt sich auch heute wohl kaum trefflicher formulieren: *„Eigentlich ist die Vergangenheit allhiesigen Schlosses und der darin befindlichen Dynastie mit der Vergangenheit der Stadt Erbach vollkommen identisch. Es sind nur zwei drei verschiedene Namen für eine und dieselbe Sache... Die Geschichte von Schloß und Stadt ist zu einem so unzerreißbaren Gebilde zusammengewoben, daß es sich nicht vermeiden läßt, auch von denen im Schloß zu sagen*" (Graf Ernst zu Erbach-Erbach, 1886, 1918, 1989).

Grafenhaus, Schloß, Städtel und Stadt Erbach sind ein harmonisches Quartett, durch die gemeinsame Geschichte entstanden, in der Gegenwart bewahrt und auch in Zukunft als Einheit mitbestimmend, als geographisches wie mentales Ensemble charakteristisch für einmaliges Wesen und Werden, wenn auch zum Teil in ganz anderen oder neugesehenen Zusammenhängen und nicht nur am Tag der Eröffnung des Eulbacher Marktes/ Erbacher Wiesenmarktes durch den Seniorchef des Gesamthauses Erbach, S.E. Graf Franz II. zu Erbach-Erbach.

Beschäftigt man sich mit der Vergangenheit des Odenwaldes, kommt man um die Geschichte des Grafenhauses nicht herum. Wer in der Geschichte liest, Wappen und Zeichen zu deuten versteht, die Symbolik kennt, versteht Gegenwart und empfängt Impulse für die Zukunft. Auch in diesem Zusammenhang soll der Chronist des Grafenhauses, Graf Ernst zu Erbach-Erbach, zitiert werden:

„Befreunden Sie sich mit der eigenen Vergangenheit, es liegt eine verjüngende Kraft in der Berührung mit dem mütterlichen Boden. Im Mittelalter glaubte man an einen Brunnen auf einer Insel weit über' m Meer, der die Kräfte besitze, die Jugend zu erhalten und die verlorene wieder zu verschaffen. Solchen Jungbrunnen gibt's, man braucht nicht übers Meer, man kann ruhig dabei in Erbach bleiben. Es ist der Born heimatlicher Geschichte. Wallfahren Sie zu seinem Quell und Sie werden an sich selbst erfahren Schillers goldene Worte, die er zwar von den Sternen meint, die ich aber vor Ihnen jetzo brauche:

'Sie altern nie und trinken Leben /
Aus einem unerschöpften Born'".

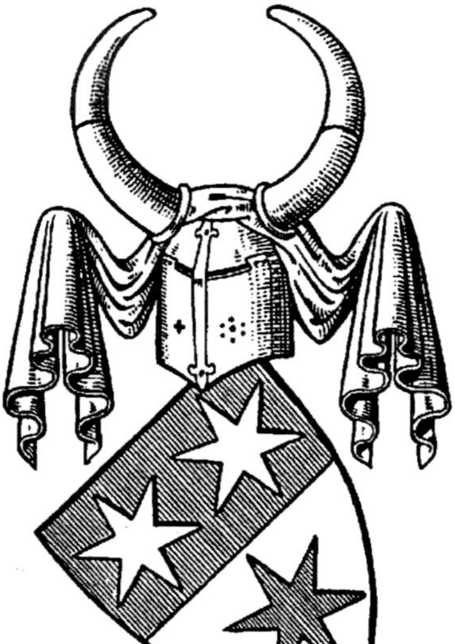

Wappen der Schenken von Erbach

Ein schöneres einleitendes Wort zu diesem Wappenbuch läßt sich nur schwerlich finden. Und wenn Schiller von den Sternen spricht, dann soll dieses symbolische Wort auch für das Grafenhaus und die Stadt Erbach gleichermaßen aufgegriffen sein: Sind die drei Grafensterne nicht auch die guten Sterne für die Stadt Erbach, ganz nach dem neuen Slogan: „*Erbach im Odenwald, die Stadt, die drei gute Sterne hat*"?

Um das Bild mit dem „*Born der Geschichte*" aufzugreifen und auch auf dem Hintergrund der drei guten Erbacher Sterne, soll im folgenden dieser Born geschöpft und es sollen die Wappen zum Reden gebracht werden. Es ist dies in der Hauptsache eine Geschichte von den drei Sternen.

Dieses Kapitel abschließend, werden zwei Strophen eines Gedichtes des Odenwalddichters Karl Schäfer (Odenwaldgeschichten, Darmstadt 1908) zitiert:

„O Erbach sei gepriesen
Im Herbstessonnenschein!
Ich fand die alte Treue
In dir und guten Wein.

Und muss ich weiter ziehen,
Schick' ich den Gruss voraus:
Gott schütz' dich und behüte
Dein stolzes Grafenhaus"!

2. *Erdverbunden:* Vom Erdbach zu Erbach

„*In dem blühenden Lande zwischen Rhein, Main und Neckar, inmitten lieblicher Odenwaldberge, an einer der schönsten Stellen des grünen Wiesentals der Mümling, die ihre klaren Fluten dem Main bei Obernburg zuwendet, liegt das altertümliche Kreisstädtchen Erbach im Odenwald*".

Diese poesievollen Worte schrieb der Gräflich Erbachische Archivar Karl Morneweg 1924. Inhaltlich hat sich daran auch heute, drei Generationen später, nichts geändert. Wir fügen ergänzend nüchtern hinzu: Erbach zählt im Jahr 1998 rund 13500 Einwohner, liegt 200 bis 560 Meter über dem Meer, ist staatlich anerkannter Luftkurort und besteht außer der alten Kernstadt noch aus den zugeordneten und 1971/72 eingemeindeten Ortschaften Bullau, Dorf-Erbach, Ebersberg, Elsbach, Erbuch, Erlenbach, Ernsbach, Günterfürst, Haisterbach, Lauerbach und Schönnen. Erbach ist weltbekannt durch die Gräflichen Sammlungen im Erbacher Schloß und das Deutsche Elfenbeinmuseum.

Erbach, ein durch und durch erdverbundener Name, Erdgeruch haftet ihm an, Wurzelgefühl vermittelt er, Bodenständigkeit, Tradition, Romantik verbreitet der Name, wie auch das nach dem Bächlein sich nennende Geschlecht derer von Erbach. Von Erbuch herunter rinnt das Bächlein, aus dem Dreiseeental kommt der Bach, Erdbach heißt er, verschwindet zu einem beachtlichen Teil heute unsichtbar in Dorf-Erbach und der Rest ein gutes Stück unterhalb des Dorfes nahe der Eulbacher Straße in der Erde, sprudelt, nach einem behäbigen unterirdischen Lauf von wenigen hundert Metern, lustig bei Stockheim aus dem Kalkfelsen an die Oberfläche empor, wo er schon seit wahrscheinlich karolingischer Zeit ein Mühlrad treibt, um sich dann eilends in die Mümling zu ergießen. Lange genug hat er sich ja in einem unterirdischen See, so vermuten Geologen, aufgehalten.

Die Erdbachversickerung ist also ein Naturphänomen, das dem Herrengeschlecht von Erbach und damit später dem gesamten Herrschaftsbereich (Erbach) seinen Namen gegeben hat. Erdbach, ganz einfach deshalb, weil er stellen- und zeitweise im Erdboden versickert.

Der Name *„Ertbach“* tritt urkundlich erstmals im Jahr 1095 an das Licht der Geschichte, so daß Erbach 1995 das Jubiläum seines 900jährigen Bestehens feiern konnte. Weitere urkundliche Überlieferungen des Namens sind 1113 *„Ertbac“*, 1321 *„des dorfes zu Erpach“*, 1426 *„dorf Erpach“*. Die heutige Stadt Erbach hieß 1327 *„Erpach“*, 1340 *„Erpbach“* und 1345 *„Ertpach“*.

Die Ursprünge der Herren von Erbach und damit des Gräflichen Hauses sind jedoch weit älter. So konnte dieses 1985 sein 1000jähriges Bestehen in einer feierlichen Jubiläumsveranstaltung begehen.

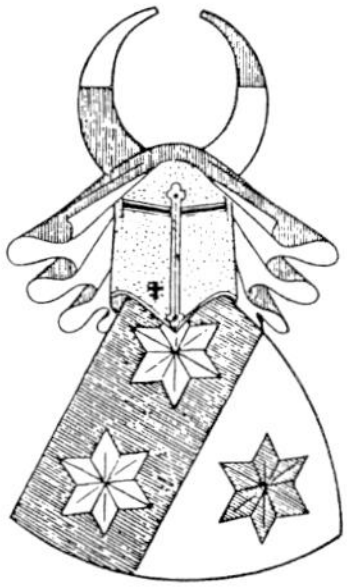

3. Ursprünglich: EINHARD - LEGENDÄRER STAMMVATER

Im unweit von Stockheim gelegenen Dorf Erbach besaßen die Herren von Erbach einige Herrenhöfe (Allodialbesitz). Auch das Kloster Steinbach war dort begütert und hatte sich von der wahrscheinlich karolingischen Gründung Stockheim nach dorthin ausgedehnt. Möglicherweise handelt es sich hierbei um Allodialbesitz von Einhard oder seinen Verwandten (Familiengut).

Hier wie im Kloster Steinbach und in Michelstadt treten besitzrechtliche Beziehungen und wohl auch verwandtschaftliche Verbindungen zwischen Einhard einerseits und den Herren von Erbach andererseits auf, die im Zusammenhang mit der Frage „*Woher kommen die Herren von Erbach?*" von außerordentlicher Bedeutung sind und bis heute von der Wissenschaft nicht klar beantwortet wurden. Sicher scheint es, daß es sich bei dem Geschlecht der Erbacher um bedeutende, also adlige Grundherren gehandelt haben muß, die sich seit der Mitte des 12. Jahrhunderts nach diesem Ort „*Herren von Erbach*" nannten, folgert Wolfram Becher (1980) und meint weiter:

„Ebenso sicher ist es aber auch, daß unser Dorf Erbach zwar das Areal, nicht aber von sich aus die Grundlage für den Familiennamen der Herren

abgegeben haben dürfte, auch wenn ihnen alle sonstigen Herrenhöfe und Bauernhuben dort gehört haben".

Mit Einhard tritt der Odenwald erstmals in das helle Licht der urkundlich überlieferten Geschichte. Er war langjähriger Sekretär, Baumeister, Berater und so etwas wie Staatsminister Karls des Großen. Im Jahr 815 erhielten Einhard und seine Gemahlin Imma durch Karls des Großen Sohn und Nachfolger Ludwig den Frommen die königliche Mark Michelstadt und Seligenstadt für treue Verdienste geschenkt. 819 vermachte das kinderlos gebliebene Ehepaar sein gesamtes Vermögen an Grund und Boden dem Reichskloster Lorsch. Im Jahr 828 zog das Paar nach Seligenstadt. Dort ist Einhard 840 gestorben und auch begraben.
Einhard selbst oder Verwandte von ihm scheinen in der Nachbarschaft der Mark Michelstadt Besitz gehabt zu haben, was verständlich machen könnte, daß Einhard auf eigenen Wunsch hin vom König die Mark Michelstadt geschenkt bekam.

Imma gehörte dem fränkischen Hochadel an, auch Einhard war Franke und stammte aus fränkischem Dienstadel. Er ist der Erbauer der Einhardsbasilika in Michelstadt-Steinbach. Die Kirche ist die älteste Basilika nördlich der Alpen und eines der ältesten und kunstgeschichtlich wichtigsten Baudenkmäler in Deutschland überhaupt. Nicht von ungefähr trägt dieses Baudenkmal das Prädikat „*Weltkulturerbe*".

In der Einhardskapelle im Schloß der Grafen zu Erbach steht der Sarkophag, in dem einst Einhard mit Gattin Imma und einer Verwandten namens Gisela begraben gewesen sein sollen. Es ist dies der ältere Sarkophag, der in Seligenstadt stand. Im Jahr 1810 schenkte ihn Großherzog Ludwig I. dem Grafen Franz I. zu Erbach. Der Formensprache nach ist er eine gotische Arbeit vom Ende des 13. Jahrhunderts, kann also nicht der ursprüngliche Sarg aus der Karolingerzeit sein. Seit 1810 liegen die Gebeine in einem monumentalen Marmor-Sarkophag in der ehemaligen Benediktiner-Abteikirche in Seligenstadt. Der Sarg ist mit dem Wappen der Herren von Erbach geschmückt.
Auch sonst erinnern Wappen der Herren von Erbach in Kirche und Klostergebäude an angebliche verwandtschaftliche Beziehungen zwischen Einhard und den Alt-Erbachern. Der Überlieferung zufolge soll nämlich Einhard

Älterer Einhards-Sarkophag in der Einhardskapelle im Erbacher Schloß (Zeichnung C. Bronner).

der Ahnherr des Gräflichen Hauses Erbach sein. In verwandtschaftlicher Beziehung zu Einhard und/oder den Herren von Erbach scheint auch die im Jahr 1135 urkundlich genannte Gerburg mit ihren Töchtern Berta und Drutlind gestanden zu haben. Sie bewohnten die wohl erbachische Burg in Michelstadt (Kellerei) und waren dort Inhaber wichtiger Lehnsrechte, die auf die Erbacher übergegangen zu sein scheinen.

Jüngerer Einhards-Sarkophag in der Seligenstädter Basilika.

Das Sternenwappen der Herren von Erbach am Einhards-Sarkophag in Seligenstadt.

4. *Herrschaftlich*
Die Herren von Erbach

Mitte des 12. Jahrhunderts, so wird angenommen, erbauten die Herren von Erbach, gestützt auf ihren Besitz in Dorf-Erbach, *„ihre namengebende Burg Ertbach und legten damit den Grundstein zur zweiten Stadtsiedlung im mittleren Mümlingtal“* (Becher 1980). Die ebenfalls mindestens staufische, vielleicht noch ältere Burg in Michelstadt scheint damals schon erbachisch gewesen zu sein.

Der erste namentlich genannte Erbacher tritt erst nach 1148 (Lorscher Codex) auf: es ist Eberhard von Erbach (*„Eberhardus de Ertbach“*). Er wird als Bedrücker des Reichsklosters Lorsch genannt, sicherlich deswegen, weil er als (Unter-) Vogt des Klosters in Lorsch und der Filiale Steinbach Eigentum herausgebrochen und seinem grundherrschaftlichen (allodialen) Besitz allmählich einverleibt hat. *„Zu diesem Zeitpunkt führte die Familie ihren Namen nach einem ihrem Rang entsprechenden Sitz. Und das kann nur die Burg (castrum) im heutigen Stadt-Erbach gewesen sein. Ihre Erbauung ist also unweigerlich in die Mitte des 12. Jhh. zu datieren“* (Becher 1980).

Diesen Befund bestätigen in etwa auch die baugeschichtlichen Erörterungen von Paul Wagenknecht (1995), dem Gräflich Erbach-Erbachischen Archivar, der den Schloßturm als ältesten staufischen Teil der Erbacher Burg- und Schloßanlage in die Zeit zwischen 1170 und 1180 datiert.

Die älteste Bausubstanz im Erbacher Burgbereich scheint allerdings noch älter zu sein und aus salischer Zeit zu stammen. Um 1090 müßte schon ein *„burglicher Bau“* in Erbach gestanden haben, folgert Wagenknecht (1995), *„der den Vorfahren des Eberhard I. von Erbach als Wohnung gedient hat“.*

Alt-Erbacher aus diesem Herrengeschlecht tauchen in der Tat möglicherweise schon in einer früheren Urkunde auf, in der bereits genannten aus dem Jahr 1135, wo von einer Gerburg, Berta und Drutlind, Damen edelfreien Standes und eventuell Verwandte der Erbacher, die Rede ist. In dieser Urkunde wird ein gewisser Eberhard und Heinrich genannt, sicherlich die ersten Vögte des Benediktinerklosters Steinbach (Filiale von Lorsch) aus dem Hause Erbach. *„Einig ist man sich heute allgemein darüber, daß wir hier Angehörige der Familie vor uns haben, die seitdem über Jahrzehnte hinweg nach dem Niedergang des Reichsklosters Lorsch (1232 aufgehoben beziehungsweise an Mainz gefallen) die politische Kraft im inneren Odenwald geworden ist“* (Becher 1980).

Als nächster - nach Eberhard I. - sicher nachgewiesener Herr von Erbach begegnet urkundlich zu Beginn des 13. Jahrhunderts (1221 - 1223) ein Gerhard I. von Ertpach. Er wird als königlicher Schenk *(„pincerna“)* am Hofe Heinrichs VII., Sohn des Stauferkaisers Friedrichs II., bezeichnet.

Gerhard scheint Leitname der frühen Erbacher gewesen zu sein, wie Eberhard und Konrad. Schon Gustav Simon (1858) weist auf zwei Namensträger Gerhard hin, die Erbacher gewesen sein könnten: In einer Urkunde vom Jahr 786 (Lorscher Codex) wird ein „Gerhard“ genannt, in einer solchen vom Jahr 795 (ebenfalls im Lorscher Codex) ein „Gerhart“. Beide kommen als Zeugen bei Verhandlungen vor, die Lorsch und den Odenwald betreffen.

Ein Sohn des oben erwähnten Eberhard I. (um 1150) ist Eberhard II. von Ertpach (1184), der wahrscheinliche Erbauer des staufischen Bergfrieds in Erbach. Er gilt als Vater des ebenfalls schon oben erwähnten Gerhard I. Als dessen mögliche Brüder gibt Simon (1858) Gernot von Ertbach (1206), Friederich von Ertbach (1214) und Franko von Erpach (1220) an. In jüngster Zeit hat die Wissenschaft einen weiteren Erbacher der Frühzeit ausgemacht, einen Konrad von Erbach (1248/49).

Wenn auch die genealogischen Zusammenhänge der Alt-Erbacher in der Frühzeit ihres Auftauchens weitgehend im Dunkeln liegen und unser Wissen entsprechend bruchstückhaft ist, so reicht doch ein Grobraster ihres gelegentlichen Auftretens aus, um die familien- und territorialgeschichtliche Entwicklung im Innern des Odenwaldes wenigstens im Ansatz zu rekonstruieren. - Und noch immer ist die Feststellung, die der Chronist des Hauses Erbach, Gustav Simon, vor nun über 140 Jahren über die Ursprünge der Schenken und Grafen von Erbach getroffen hat, grundsätzlich nicht abzulehnen: *„Die Erbacher Dynasten sind ein freies fränkisches Geschlecht, Angehörige einer fränkischen Häuptlingsfamilie, die nach der Besiegung der Alemannen durch den fränkischen König Chlodwig und die Besitznahme der Rheingegenden durch die Franken ihren Antheil an dem neu eroberten Land im Odenwald erhielten und hier also bereits seit dem Ende des 5. Jahrhunderts ansässig gewesen sein mögen"*. Wolfram Becher (1980) weist das Geschlecht der Herren von Erbach dem *„rhein-mainischen Hochadel"* zu und vermeidet, indem er eine geographische Bezeichnung verwendet, den Namen der Stammeszugehörigkeit. Schlauer werden wir damit, was die Herkunft der Erbacher angeht, allerdings auch nicht.

Das Gräflich Erbach-Erbachische Mantelwappen.

5. Gewappnet: Was sie im Schilde führen

Wappen sind Spiegel der Geschichte. Sie symbolisieren Wesen und Werden einer Familie, einer Gemeinde, Stadt, eines Landes.- Wappen erzählen Geschichte.
Etwas im Schilde führen, gewappnet und gerüstet sein, etwas hieb- und stichfest machen, jemanden in Harnisch bringen, Flagge zeigen und Farbe bekennen, das alles sind volkstümliche Redensarten, die zeigen, daß die Wappenkunde, die Heraldik, viele sprachliche Impulse gegeben hat. Zahlreiche wappenkundliche Ausdrücke aus der Hochblüte der Ritterzeit sind keine Relikte, keine nur in Sprache konservierte Begriffe; die Heraldik lebt, wie die Sprache selbst.

Etymologisch betrachtet, sind die Begriffe „*Wappen*" und „*Waffe(n)*" identisch. Im Englischen heißt „*Waffe*" „*Weapon*", im Französischen „*Waffe*" „*arme*" und „*Wappen*" „*armes*" (Plural). Das Wort kommt aus dem Lateinischen („*arma, armorum*", Verteidigungswaffe).

Wappen sind künstlerische Zusammenfassungen durchlebter Geschichte von bestimmten Menschen in einer definierten Landschaft. Je einfacher das Wappen, desto älter die Geschichte dessen, was es zum Ausdruck bringen will.

Das Wappen ist ursprünglich ein Waffenzeichen an der mittelalterlichen Rüstung. Später wurde es als Abzeichen von Personen, Sippen und Körperschaften verwendet. Die Wappen sind künstlerisch den jeweiligen Stilrichtungen angepaßt und dem entsprechenden Zeitgeschmack unterworfen. In unserem Fall haben wir es mit einigen gotischen, zumeist aber Formen der Renaissance und des Barock zu tun.

Die ersten Wappen sind im 12. Jahrhundert entstanden, ihre Blütezeit fällt in die Hochgotik (1350 - 1450). Das Wappen, Kennzeichen des Ritters, war vorwiegend auf dem Schild angebracht, einer Schutz- und Verteidigungswaffe gegen Hieb und Stoß. So konnte der Ritter schon von weitem erkannt werden, was bei den mehr oder weniger einheitlichen Rüstungen und besonders bei geschlossenem Visier gar nicht so einfach war. Umgekehrt wollte der Ritter schon aus der Distanz heraus erkennen, was sein Gegner, sei es im Kampf, sei es beim Turnier, *„im Schilde führt“;* er wollte wissen, mit wem er es zu tun hat, mit wem er seine Kräfte messen muß.

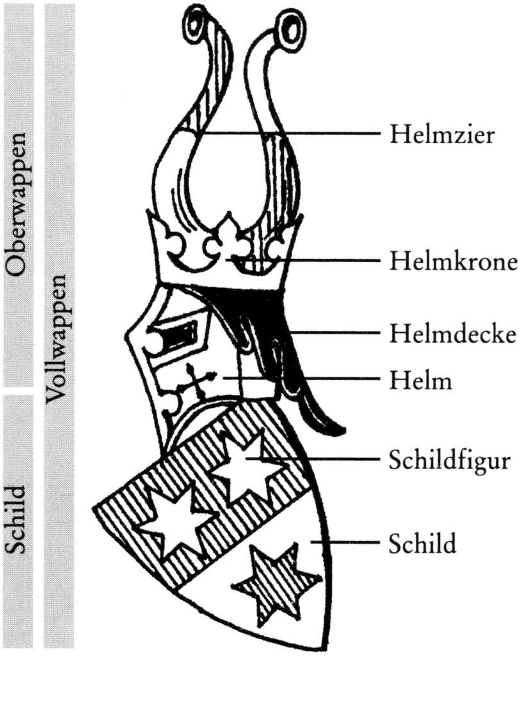

Die Wappenkunde (Heraldik) ist eine Hilfswissenschaft der Geschichte und befaßt sich unter anderem mit der künstlerisch richtigen Darstellung der Wappen.

Die Wappenbeschreibung (Blasonierung) und die Farbgebung (Tingierung, Tinktur = Farbe) erfolgen ebenfalls nach festgelegten heraldischen Grundsätzen.

Das Vollwappen wird gebildet aus Schild mit Schildbild (Unterwappen) und dem Helm mit Helmdecke und Helmzier (Oberwappen). Helmzier nennt man auch Helmkleinod. Man unterscheidet einfache und zusammengesetzte Wappen, dabei Hinterschild (Rückenschild oder Hauptschild) und Mittelschild (Herzschild). Sie können gespalten, geteilt oder quadriert (geviertelt)sein. Am Spalt gibt es ein *„vorn"* und ein *„hinten"*, bei der Teilung ein *„oben"* und ein *„unten"*. Der gevierte (quadrierte) Schild teilt sich auf in die Felder (von oben links nach unten rechts) I bis IV. Dabei enthalten fast alle hier zu besprechenden Wappen jeweils in der Diagonalen (I/IV und II/III) das gleiche Wappenbild beziehungsweise die gleiche Figur. Der Herz- oder Mittelschild enthält meist das Stammwappen (bei den Herren von Erbach ist es das Sternenwappen).

Die Wappenbeschreibung wird immer von der Sichtweise des Wappenträgers oder Wappeninhabers aus bestimmt, niemals von der des Betrachters. *„Heraldisch rechts"* ist also dort, wo der Betrachter links angibt und umgekehrt. Auch anatomisch gesehen, sitzt das Herz immer links, und mit dem linken Arm und der linken Hand hält der Rechtshänder den Schild zur Verteidigung.

Ehe- oder Allianzwappen stellen die Wappen eines Ehepaares dar. Heraldisch rechts befindet sich das Wappen des Mannes, heraldisch links das der Frau. Oft sind die beiden Wappen mit dem Schildhaupt einander zugeneigt (gelehnt, wegen der symbolisch darzustellenden Zuneigung).

Auf dem Schild ruht der Helm. Bei den Helmen unterscheidet man Topf-, Kübel- (13. Jahrhundert), Stech- und Spangen-, Bügel- oder (Kolben-)turnierhelm (ab 15. Jahrhundert). Die Helme werden stahlfarbig oder silbern tingiert dargestellt; sie waren immer rot gefüttert. Beim gelehnten Schild (schief gestellter Schild) ruht der Helm (meist Topf- oder Kübelhelm) auf dem erhöhten Obereck und zeigt sich meist im Profil, gelegentlich „en face" (von vorne).

Auf dem Helm liegt die Helmdecke. Es ist dies ein kleines Mäntelchen, Deckchen oder Tuch, das an beiden Seiten des Wappens herabhängt und in den Farben des Wappens gehalten ist. Später erscheinen die Helmdecken vielfach aufgeschlitzt und ranken sich schmuckvoll in Form von blattartig verschnörkeltem Zierrat um den Wappenschild. Nach der Gotik verkommen diese Tuchstreifen zu verschlungenen Laubornamenten und blossen schwülstigen Arabesken, die allerdings gelegentlich durchaus auch reizvoll sein können.

Bei der farbigen Darstellung der Helmdecken erhält die Außenseite (Oberseite) eine andere Farbe als die Innenseite (Unterseite). Die Metalle Gold und Silber erscheinen dabei als Futter (Innenseite). Eine Helmdecke über zwei oder mehrere Helme zu breiten, galt als unzulässig (Beispiel: Wappen Erbach-Waldeck am Alten Bau, Fachwerkteil, Schloßhof).

Aus der Helmzier entwickelte sich mit der Zeit der sogenannte Helmmantel. Die Helmzier (das Helmkleinod) ist auf dem Wappenhelm angebracht. Hörner (Büffel- oder Stier- und Steinbockshörner), Flügel (Flüge, geschlossene und offene), Bracken (Jagdhunderasse), plastische Menschen kommen in unseren hier darzustellenden Fällen in Erbach vor, dazu Federbüsche (Pfauenstoß), Schirmbrett, Hüte und Fahnen. Menschen und Tiere können ganz (wachsend) oder als Rümpfe dargestellt sein. In der Helmzier können sich die Wappenbilder wiederholen.

Die Helmkrone (Edelkrone, Laubkrone) auf dem Wappenhelm besteht aus einem goldenen, verzierten Reif mit fünf sichtbaren Zacken und blattartiger Gestalt des mittleren und der beiden äußeren Zacken. Diese Helmkrone darf nicht mit den Rangkronen verwechselt werden (z.B. Grafen- und Fürstenkronen, zumeist sogenannte Bügelkronen). Im Falle unserer Erbacher Wappen begegnen uns Grafen- (Erlaucht-) und Fürstenkronen beziehungsweise -hüte. Die fürstlichen (auch reichsgräflichen) Kronen haben zumeist drei sichtbare Bügel. Der Fürstenhut ist hermelingestülpt. - Natürlich gibt es auch ungekrönte Helme in der Heraldik.

Ein beliebtes Wappenbild für Hochadelswappen ist der Löwe (und Leopard). Er kommt mehrfach in den hier zu betrachtenden Wappen vor. Er kann einfach- oder doppeltgeschweift dargestellt oder aufrecht (rechts- oder linksgekehrt) *„zum Grimme geschickt“* dargestellt sein. Neben dem schreitenden Löwen gibt es einen leopardierten (gepardelten herschauenden) Löwen, einen Löwen, der mit einem biologischen Leoparden nichts zu tun hat.

Es ist dies ein aus dem Schild heraussehender, dem Betrachter mit dem Kopf zugewendeter Löwe (hersehend). Schließlich gibt es noch Löwen als Wappenhalter. Wenden sie ihre Köpfe voneinander ab, so nennt man sie widersehend.

Landgraf Philipp von Hessen-Butzbach ließ 1610 eine Bauinschrift verfassen, die Löwe und Sterne gleichermaßen berücksichtigt und auch für die folgende wappenkundliche Darstellung Geleitwort sein soll:
„*Gnädiger Gott beschütze den hessischen Löwen, und des Vaterlandes Sterne mögen nie Wolken verhüllen*".

Im Laufe des 13. Jahrhunderts nahmen im Bereich des heutigen Landes Hessen die Herren von Erbach, Nidda, Ziegenhain und Waldeck Sterne in ihre Wappen auf. Die Anzahl der Strahlen hat sowohl bei den Erbachern als auch bei den Waldeckern gelegentlich variiert (Simon 1858, Becher 1980: fünf- bis achtspitzig). Auf die Darstellung der verschiedenen Strahligkeit legte die alte Heraldik keinen Wert, heißt es in „*Siebmachers Wappenbuch*".

Mümlingbrücke und Schloß; Zeichnung Gertraude Mohr.

6. Malerisch:
Wappenschau im Schlosshof

Wir beginnen mit unserem Rundgang in den Schloßhof am alten Rathaus, Sitz der OREG (Odenwälder Regionalgesellschaft), des Verkehrsamtes der Stadt Erbach, des Fremdenverkehrsverbandes Odenwald-Bergstraße-Neckartal und der Geschäftsstelle des ÖPNV (Öffentlicher Personen-

Das Wappen der Stadt Erbach am Alten Rathaus, Marktplatz 1, aus dem Jahr 1593.

nahverkehr), Marktplatz 1. Das Gebäude besteht aus zwei rechtwinklig verbundenen Flügeln: dem Hauptbau und dem Torbau. Der Hauptbau mit dem Stadtwappen an der Vorderseite entstand 1545 während der Regentschaft Graf Eberhards II. zu Erbach-Erbach. Sein Wappen und das seiner Ehefrau findet sich an der Rückseite des Rathauses, der Seite hin zur Mümling.

Der Städtelbogen ist hingegen eine unter Graf Georg II. zu Erbach-Erbach (1548 -1605) im Jahr 1593 begonnene und 1594 vollendete Schöpfung der Renaissance. Die letztere Jahreszahl findet sich im Gipfel des Treppengiebels. Der Torbau ist die eigentliche Schauseite der Rathausgruppe. Nach Schäfer (1891) wurde das Rathaus im Jahr 1754 aufgestockt, zumindest aber damals umfassend renoviert. Am 10. Dezember 1560 verlieh Graf Eberhard I. zu Erbach-Erbach (1511 - 1564) seiner Residenz Erbach ein Stadtwappen mit folgender Blasonierung: in rotem Feld ein blauer gewellter Schrägbalken oder Band (die Mümling) mit drei roten Sternen darin. Hierzu eine Anmerkung: Das Erbacher Stadtwappen ist nach heraldischen Gesichtspunkten falsch tingiert, nicht richtig farbig bestimmt. Eine der wichtigsten Regeln der Heraldik lautet nämlich: Farbe auf Metall. Metalle sind im heraldischen Sinn Gold und Silber. Sie bilden immer den Schilduntergrund. Nicht zulässig ist hingegen Farbe auf Farbe, Metall auf Metall. Im Fall des Erbacher Stadtwappens ist Farbe auf Farbe aufgebracht, nämlich Rot (Sterne) auf Blau (gewelltes Band) und Blau wieder auf Rot (Schildgrund). Hier wurde gleich zweimal gegen die heraldische Regel verstoßen. Richtig wäre es gewesen, die roten Sterne auf silbernes (gewelltes) Band zu legen, das sich auf rotem Hintergrund abhebt. Es hat aber laut Stifterurkunde nicht sein sollen, und so ist das Erbacher Stadtwappen in seiner originalen Farbgestaltung über die Jahrhunderte auf uns gekommen, ohne daß wir heute Anstoß daran nehmen sollten. Uns kommt es auf die drei Sterne und nicht so sehr auf die farbliche Zusammensetzung in der Vorgabe an. Und mehr Sterne hat das Grafenhaus auch nicht zu bieten und zu verschenken. Die drei Sterne des Grafenhauses wiederholen sich im Stadtwappen, es sind die *„guten drei Sterne“* der Kreisstadt Erbach. Auch im Wappen des Odenwaldkreises finden sie sich wieder. - Nur Europa hat auf seiner Fahne mehr Sterne, wie auch die *„Stars and Stripes“*, die Flagge der Vereinigten Staaten von Amerika (USA).

Es sind bekanntlich deren zwölf beziehungsweise 50. Übertroffen aber werden Sternenwappen und Sternenbanner dieser Erde nur noch von der Zahl der Sterne am Himmelsfirmament.

Graf Georg II., seit 1569 Alleinregent in der Grafschaft, ließ am Hauptbau des Rathauses das Stadtwappen anbringen und die Jahreszahl 1593 in den Buntsandstein einhauen. Wir finden Wappen und Zahl am Pfeiler des Doppelbogens der einst offenen Markthalle.

An dieser Stelle weisen wir darauf hin, daß es bei der genealogischen Darstellung des Hauses Erbach etwas durcheinander geht, je nachdem, welchem Autor man folgt. So ist der von uns hier erwähnte Graf Georg bei Gustav Simon (1858) der II. und der III. bei Karl Morneweg (1924). Wir folgen hier Simon.

Unter dem Stadtwappen ist das Halseisen des Prangers zu sehen. Hier am Pranger, dessen Halseisen je nach Generation mal zwei-, mal dreiteilig an einer Kette hängend, uns daher nur als Replik erhalten geblieben ist, desgleichen der dazugehörige Sockelstein, lassen sich die Touristen gerne von ihren Mitreisenden das Halseisen umlegen und die nachgestellte Tortur des *„Prangerstehens"* im Erinnerungsfoto festhalten. Rechts vom Halseisen ist in Form eines Eisenstabes die Elle in das Sandsteinmauerwerk eingelassen.

Wir wenden uns nun der gegenüberliegenden Schloßwache zu, auch *„Alte Wache"* genannt. Der Säulengang macht einen repräsentativen Eindruck, die Mansardenfenster erhöhen diesen und strahlen zusammen Würde und Erhabenheit aus. Oben unter dem Dach kampierten im Zweiten Weltkrieg junge Flakhelfer, darunter der jetzige Bundeskanzler Dr. Helmut Kohl.

Die malerische Schloßwache wurde in den heute sich bietenden Barockstil durch Graf Arthur zu Erbach-Erbach (1849 - 1908) eingefügt, den er nicht nur hier, sondern auch im Schloßhof und am Marstall zur Geltung brachte. An der Südfront der Schloßwache (bürgerlich Marktplatz 3) sehen wir zunächst - in historischer Reihenfolge - im ovalen Rund, das mit der Grafenkrone geschmückt ist, das Erbach-Wartenberg-Rothsche Wappen: vorne in der ersten Wappenhälfte die drei Erbacher Sterne wie üblich, dahinter, in der zweiten Wappenhälfte, den Wartenberg-Rothschen Wappenschild:

Das Erbach-Wartenberg-Rothsche Wappen.

in silbernem Feld einen durch einen roten Querbalken geteilten Schild, der von drei roten Kugeln begleitet wird, oben zwei, unten eine Kugel. Es ist dies das Wappen der Grafen Kolbe von Wartenberg, das die Grafen der Linie Erbach-Erbach seit 1804 durch Erbschaft führen dürfen; näheres hierzu in dem Beitrag über die allgemeine Wappengeschichte des Hauses Erbach. Dieses Wappen, wie hier an der Schloßwache, findet sich an allen Gräflich Erbachischen Forsthäusern und am äußeren Tor der Burg Reichenberg über Reichelsheim.

Alter Inhalt, neue Form.

Das gräfliche Wappen mit den Erbacher Sternen sehen wir auch auf einer Informationstafel zu den Schloßführungen. Nicht weit daneben ist das Grafenwappen in moderner Ausführung und in stilisierter Form als Emblem oder Logo der GTG (Gräfliche Touristik-Gesellschaft) angebracht. Hier haben wir ein neuerliches und jüngstes Beispiel dafür, wie sich Wappeninhalte über Jahrhunderte traditionsreich erhalten, ihre Aussagekraft unverändert überdauert, Formen und Ausdruck hingegen dem Wandel der Zeiten und dem Stilempfinden unterworfen sind.

Nun wenden wir uns dem Schloßhof zu, bleiben aber zunächst vor seinem Eingang am sogenannten Archivbau stehen, dort wo uns links und rechts die heute leeren rot-weiß gestreiften Wachhäuschen flankieren. „*Eine tüchtige Leistung der Renaissance aus dem letzten Drittel des 16. Jahrhunderts*“, meint Kunsthistoriker Georg Schäfer (1891), auf den wir uns auch weiter mit seinem geschätzten Urteil beziehen. Das Gebäude ist von dem baulustigen Grafen Georg II. (1548 -1605) als Kanzleigebäude errichtet worden. Es dient gleichzeitig als Toreinfahrt und verbindet den äußeren mit dem inneren Schloßhof. Die Außenfront erhebt sich dreigeschossig mit Giebelgeschoß in der Mitte. Zur Steigerung der Portalwirkung strebt an den

Wappen über der Toreinfahrt zum Schloßhof (1571).

Seiten der Torpfeiler je ein Pilaster mit breitem Blätterkapitäl nebst zierlichen Voluten auf. Darüber lagert ein neueres abschließendes Karniesgesims und bildet eine Art Attika, in deren Mitte das Vollwappen Erbach-Breuberg prangt, umschlungen von einem Schriftband, worauf die Worte stehen: GEORG GRAVE ZV ERPACH VND HERR ZV BREVBERG.

„Als Wappenhalter erscheinen zwei edel bewegte Frauengestalten in gegürtetem Chiton und wallendem Himation als Allegorien der Gerechtigkeit und Güte, deren Attribute, Schwert und flammendes Herz, sie in den Händen tragen. Auf dem von Genienköpfen gestutzten Sockel des Wappens steht die Jahreszahl 1571" (Schäfer 1891). Als Helmzier sehen wir die für

Erbach typischen (offenen) Büffelhörner und die quergesteckten beiden Fähnchen, zweimal rot längsgestreift auf weißem Grund. Der Turnierhelm ist frontal abgebildet.

Wir betreten nun den romantischen, ja man möchte sagen, märchenhaften Schloßhof. Morneweg (1924) meint: *„Alle Bauten dieses malerischen Fleckchens Erde tragen reichen Wappenschmuck"*. Wir werden es erleben.

Wetterfahne auf dem Schloßturm mit Sternenwappen.

Ein Blick hoch hinauf auf das Wahrzeichen Erbachs, auf den 67 Meter hohen Schloßturm, läßt im gleißenden Sonnenlicht die neu renovierte goldene Wetterfahne erkennen. *„Die Wetterfahne trägt das frühe Wappen der Grafen von Erbach mit den drei Sternen. Aber das charakteristische an diesem Turmaufsatz, das sind die drei Erker mit ihren schlanken, gotischen Treppengiebeln, welche die Funktion von Ausguck und Wächterstuben erfüllen"* (Wagenknecht 1995).

Die Turmuhr war zunächst am Rathaus angebracht und kam um 1700 auf den Schloßturm. Im Sockelstein unter dem Zifferblatt an dem auf den Schloßhof ausgerichteten Turmerker (Uhrlaube) steht in gotischen Minuskeln folgende Gründungsinschrift eingemeißelt:
„Anno Dom. MCCCCXCVII hat volbracht den helm dises turmes der wolgeboren und edle her Schenck Erasmus her zu erpach und bickebach".

Diese Inschrift wird abweichend von unserer Leseart von Schäfer (1891) mitgeteilt. Wagenknecht (1995) hat sie richtiggestellt. - Am Treppengiebel der Uhrlaube wiederholt sich die Jahreszahl in gotischen Ziffern: 1497. Diese Jahreszahl wurde bei der jüngsten Schloßrenovierung (1995) in Gold ausgemalt. Die Jahreszahl 1497 erinnert an die durchgreifende Verän-

Turmerker (Uhrlaube) des Bergfrieds/Schloßturms mit Wappen Erbach-Bickenbach und Werdenberg-Heiligenberg (1497).

derung des Turmabschlusses des Bergfrieds der alten Wasserburg. Oberhalb der Schartenzeile (Zinnen) wurden deren Luken in Lichtöffnungen (Fenster) umgewandelt. Nun erhoben sich über einem Kranzgesims drei mit abgetreppten Giebeln geschmückte, erkerartige Vorsprünge, sogenannte Lauben, überragt von einem schlanken, im Grundriß sechseckigen Schieferhelm, der von kleinen Lukarnen durchbrochen ist und in einer Laterne endigt, deren Spitze den Turmknopf und die eben erwähnte wappengezierte Wetterfahne trägt (nach Schäfer 1891).
Über dem Zifferblatt der Turmuhr findet sich das farbig neu angelegte Allianzwappen des Schenken Erasmus von Erbach und Bickenbach und das der Gräfin Elisabeth Werdenberg und zum Heiligenberg. Schenk Erasmus (1466 -1503) hat den Umbau des oberen Turmteils vorgenommen.

Erasmus war der letzte Vertreter der Alt-Erbacher Linie. Er brachte durch Erbschaft und Ankauf die Herrschaft Bickenbach an sich und nahm deshalb auch den Titel *„Herr zu Erpach und Bickenbach“* an. Angehörige derer von Bickenbach waren mehrfach mit denen von Erbach verwandt. Mehrere Heiraten sind bezeugt. Konrad V. von Bickenbach war mit Agnes von Erbach, Margarethe von Bickenbach mit Schenk Konrad V. Rauch von Erbach (1348 bis 1390), Marie von Bickenbach mit Schenk Eberhard X. von Erbach (1379 bis 1415) und Anna von Bickenbach mit Schenk Konrad IX. von Erbach (1425 - 1463) verheiratet. Eine Ehe des Schenken Eberhard III. von Erbach (1223 bis 1251) mit Anna von Bickenbach wird angenommen. Auch führte Erasmus das Bickenbachische Wappen, den rot und weißen, schräg geweckten Schild neben den Erbachischen Sternen (Simon 1858, so auch im Siebmacher-Wappenbuch angegeben). Bei der farbigen Neuanlage des Bickenbacher Wappens entschied man sich 1995, wohl versehentlich, für die Farbgebung Blau/Weiß. Um das Jahr 1486 vermählte sich Schenk Erasmus mit der Gräfin Elisabeth von Werdenberg und zum Heiligenberg. Sie heiratete im Jahr nach seinem Tod den Philipp Echter von Mespelbrunn und starb 1536 (näheres im Kapitel zu den Echter).

Das Wappen Erbach-Bickenbach/Werdenberg-Heiligenberg ist das erste Ehe- oder Allianzwappen, das uns auf unserer Führung im Schloßhof begegnet. Wappenbilder werden nach heraldischer Regel grundsätzlich von der Seite des Wappeninhabers aus gesehen, gelesen und gedeutet, abgeleitet

Schloßportal; Zeichnung Gertraude Mohr.

von dem Schildträger, auf dessen Schild das Wappen aufgemalt ist. (Auch anatomisch gesehen sitzt das Herz immer links, und beim Auto ist links und rechts von der Sichtweise des Fahrers aus zu verstehen.) Heraldisch links ist also vom Betrachter aus rechts und heraldisch rechts entsprechend gemeinhin links. Bei Ehewappen findet sich im allgemeinen heraldisch rechts der Schild des Mannes, heraldisch links der der Frau. In späterer Zeit hat sich diese strenge Regel geändert (ein Beispiel finden wir später am Schloß im Falle des Ehewappens von Georg Wilhelm - 1686 bis 1757 - und Leopoldine).

Das Wappen des Erasmus von Erbach findet sich auch *„mit dreigestirntem Hauswappen auf dem Brustharnisch“* (Schäfer 1891) seiner Rüstung, und ein auf dem Stirnpanzer des Pferdes befindlicher kleiner Schild mit dem Allianzwappen von Erbach-Bickenbach im Rittersaal des Schlosses erinnert ebenfalls an diesen Schenken. Archivar Paul Wagenknecht (1995) schreibt: *„Schenk Erasmus wurde als letzter einer langen Reihe Erbacher Schenken im Kloster Schönau beigesetzt. Er wurde mit Schild und Schwert beerdigt, seine Grabplatte ist in Bruchstücken noch gefunden worden. An einem Bruchstück sieht man deutlich noch das Wappen seiner Gemahlin, der Gräfin Elisabeth von Werdenberg und zum Heiligenberg“.*

Auch in der Eberhardsburg im Englischen Garten auf der Eulbacher Höhe (erbaut als Kunstruine in den zwanziger Jahren des 19. Jahrhunderts) wurde ein Torschlußstein mit dem Bickenbacher Rautenwappen unbekannter Herkunft (Erbach ?) eingebaut. Das Wappen Erbach-Bickenbach findet sich noch auf einem Grabstein der Margarethe von Erbach-Bickenbach (gestorben 1396), Gemahlin von Schenk Konrad V. von Erbach, ferner auf der Grabplatte Konrads VII. (1382 - 1423) und seiner Gattin Agnes von Erbach (gestorben 1423), freilich in anderer Kombination (vorne im Schild Erbacher Sterne, hinten Bickenbacher Rauten) und schließlich nochmals das Bickenbacher Wappen auf dem Grabstein von Otto von Erbach (gestorben 1468); es ist das seiner Mutter Marie von Bickenbach. Diese Grabplatten befinden sich, bis auf die von Otto (Stadtkirche Michelstadt), in der Einhardskapelle des Schlosses. Im ehemaligen Klosterbezirk in Schönau hat sich die Grabplatte der Anna von Bickenbach erhalten, der Gemahlin von Schenk Konrad IX. (1425 - 1464). Sie starb dort im Jahr 1451. Das Wappen Erbach-

Bickenbach sieht man auch im Gewölbescheitel der Familiengruft in der Michelstädter Stadtkirche.

Wir überspringen nun fast dreihundert Jahre. Wir stehen vor der Freitreppe zum Schloßhauptbau und sehen über dieser unter den Mittelfenstern des ersten Geschosses eine mit der Grafenkrone erhöhte Schrifttafel in Form eines länglichen Ovals. Ein Chronogramm in der dritten, vierten und fünften Zeile dieser Inschrift ergibt das Jahr 1736 als Erbauungszeit. Ein Chronogramm ist ein Satz, in dem die römischen Buchstaben, die zugleich Zahlenwert besitzen, die Jahreszahl des Ereignisses nennen, auf das sich der Satz bezieht, rein additiv errechnet.
Die Inschrift in lateinischen Majuskeln lautet:
„DIESES SCHLOS
ERBAVTE MIT GOTT
GEORG **WIL**HE**LM**
GRA**V** Z**V** ERBA**C**H **V**ND
HERR Z**V** BRE**V**BERG".

Schrifttafel mit Chronogramm (1736) über dem Treppenportal des Schlosses im Schloßhof.

1 x M	= 1000	M	= 1000
1 x D	= 500	D	= 500
1 x C	= 100	C	= 100
2 x L	= 100	L	= 50
7 x V	= 35	X	= 10
1 x I	= 1	V	= 5
(W	= 2 x V)	I	= 1
	= 1736		

Unter der ovalen Schrifttafel steht auf dem Sturz über dem Portal in lateinischen Großbuchstaben:
„GEORG ALBRECHT GRAF ZU ERBACH, HERR ZU BREUBERG HAT DAS WERK ALS AHNHERR ARCHITEKTONISCH VOLLENDET A.D. MDCCCCII“ (= 1902).

Das Schloß zu Erbach entsprach zu Beginn des 18. Jahrhunderts nicht mehr den Anforderungen der Zeit und war außerdem auch inzwischen baufällig geworden. Es erfolgte durch den baufreudigen Grafen Georg Wilhelm ein gründlicher Umbau in einfachen Barockformen. Das Schloß wurde damals auch beträchtlich erweitert. Der Hauptschloßbau wurde nach Norden hin zum Archivbau verlängert. Im Süden ist ebenfalls ein Stück hinzugebaut worden. Das dritte, aus Fachwerk bestehende Stockwerk, wurde in Stein aufgeführt. Die alten Nebengebäude der Westseite verschwanden; es entstand ein weiträumiger Schloßhof. Durch Einebnung und Zuschüttung von Gräben auf der Ostseite des Schlosses und Abbruch von Randmauern und Wehrtürmen entstanden weitläufige Freiflächen (nach Morneweg 1924).

Links und rechts der großzügig gestalteten Freitreppe sind zwei große Vollwappen in quadratischer Rahmung in die Fassadenwand eingelassen. Es sind die Ehewappen von Georg Wilhelm (1686 - 1757) und Leopoldine Sophie Wilhelmine, geborene Wild- und Rheingräfin zu Dhaun und Kyrburg (gestorben 1795). Die beiden Wappentafeln waren ursprünglich am Rathaus in Reichelsheim angebracht. Sie wurden 1848 dort abgenommen und am jetzigen Ort eingemauert (Mitteilung Wagenknecht 1997).

Die Linie Erbach-Erbach erhielt per Datum vom 9. Juli 1755 für Graf Georg Wilhelm von Kaiser Franz I. eine Wappenbesserung und Bestätigung. Alle Grafen dieser Linie führen ab diesem Zeitpunkt außerdem, nach einer

Wappen von Graf Georg Wilhelm von Erbach (1686 - 1757), dem Erbauer des Erbacher Schlosses in seiner heutigen Form (rechts der Freitreppe zum Schloßhauptbau).

Wappen von Gräfin Leopoldine Sophie Wilhelmine geborene Wild- und Rheingräfin zu Dhaun und Kyrburg, Gattin von Graf Georg Wilhelm zu Erbach (links der Freitreppe zum Schloßhauptbau).

Bestimmung des Stifters, den Namen Franz. Das Wappen von Graf Georg Wilhelm ist nach dem Diplom von 1755 wie folgt beschrieben: „*Gevierter Schild von Erbach (drei Sterne 2: 1) und Breuberg (2 Balken) - wie gehabt mit goldenem Herzschild, darin der von Kaiserkrone überhöhte, goldbescheinte (nimbierte) schwarze (doppelköpfige) Reichsadler, mit goldenem Brustschild, darin die Initiale Kaiser Franz I. (F.I.) - hier abweichend erscheint das Habsburger-Österreichische Wappen Rot-Weiß-Rot, desgleichen in der Helmzier - Zepter, Schwert und Reichsapfel. Auf dem Schilde drei gekrönte (Laubkronen) Helme (Spangenhelme) mit rotsilbernen (der mittlere mit schwarzgoldenen) Decken, von denen der rechte Büffelhörner und (gekreuzte) Fahnen (Rot-Weiß-Weiß-Rot), der linke ein mit zwei roten Balken bezeichnetes silbernes Schirmbrett (wegen Breuberg ?) der mittlere den Reichsadler des Herzschildes trägt (mit der oben festgestellten Einschränkung)*".

Chronist Gustav Simon (1858) irrt bezüglich des Zeitpunktes der Wappenbesserung, wenn er schreibt: „*Graf Franz, der einzige Sohn des Grafen Georg Wilhelm, und zwar aus zweiter Ehe mit der Wild- und Rheingräfin Leopoldine Wilhelmine Sophie, ist am 29. Oktober 1754 im Schlosse zu Erbach geboren. Den bisher im Erbachischen Hause nicht vorgekommenen Namen Franz empfing er von dem damals regierenden Deutschen Kaiser Franz I., welcher sein Taufpate war und ihm später die Erlaubnis gab, den deutschen Reichsadler auf dem Mittelschilde seines Wappens zu führen*". Wir wissen, daß die Genehmigung im Jahr 1755 erfolgte, da war Graf Franz I. gerade ein Jahr alt. Graf Georg Wilhelm starb 1757, kam also noch zwei Jahre lang in den Genuß der Wappenbesserung, die wohl auch er beantragt hatte (und nicht Franz I.). Auch Heraldiker Alfred F. Wolfert (1972) geht fehl, wenn er das oben erwähnte kaiserliche Diplom, wonach dem Wappen auch der Reichsadler hinzugefügt wurde, in das Jahr 1775 statt 1755 datiert.

Das gleiche Wappen findet sich auch auf dem Deckel des Sarkophages in der Kirche zu Reichelsheim, wo Graf Georg Wilhelm, der lange auf Burg Reichenberg lebte, mit seiner Gattin Leopoldine beigesetzt ist, desgleichen in einem an die Chorwand gemalten Epitaph rechts von der Kanzel. Das Wappen seiner Gattin, der geborenen Wild- und Rheingräfin zu Dhaun und Kyrburg, wird wie folgt beschrieben: Der Wappenschild ist geviert (quadriert) mit aufgelegtem Mittelschild. Letzteres ist in drei Plätze (Felder) aufgeteilt, zweimal gespalten. Vorn in Rot (erste Schildhälfte) drei goldene rechtsgewendete aufrechte Löwen (2: 1), hinten oben in Rot zwei pfahlweis gestellte, mit Köpfen und Schwänzen (Schweifen) auswärts gekrümmte silberne Salme (Lachse) - wegen Nieder-Salm -, begleitet von vier silbernen Kreuzchen (hier abweichend) wegen Ober-Salm; unten silberner Balken in Blau. In Feld I und IV ein aufrechter herschauender, vorwärtssehender (gepardelter) silberner Löwe in Schwarz, in Feld II und III ein roter aufrechter rechtsgewendeter (rechtsgekehrter) Löwe in Gold. Die vier die beiden Salme begleitenden Kreuzchen (in Silber) sind offensichtlich bei der Neubemalung 1995 vergessen worden, sind aber deutlich im Stein eingemeißelt zu erkennen. Auf dem Schild ruhen drei Helme, in der Mitte ein Turnierhelm mit purpurnem Fürstenhütchen und zwei Pfauenstößen als Helmzier, den linken Helm zieren geschlossener Flug (2 Flügel) und Laubkrone, rechts der Helm trägt ebenfalls eine Laubkrone, die Helmzier ist der Rumpf einer Bracke (Jagdhund)mit roter herausgestreckter Zunge und weißem Halsband.

Wir kennen mehrere Eheverbindungen zwischen den Häusern Erbach und Rheingrafen Dhaun, Kyrburg, Salm. Zuerst heiratete Maria Juliane von Erbach (1614 - 1637) einen Rheingrafen von Kyrburg. Es folgte Graf Eberhard II. (1511 - 1564) mit Rheingräfin von Salm und eben Graf Georg Wilhelm (1686 - 1757) mit Leopoldine, Wild- und Rheingräfin zu Dhaun und Kyrburg.

Wir wenden uns weiter, dem Uhrzeigersinn folgend, den anderen Baulichkeiten im Schloßhof zu.

Im Westen des Schloßhofes erhebt sich mächtig der Kanzleibau der zweiten Generation (der erste war der Torbau). Es ist dies der wuchtigste Bau der Schloßbaugruppe neben dem Schloßhauptbau. Ganz früher wurde er etwas respektlos „*Kastenbau*" genannt; er war Kornhaus, bevor er zum Verwaltungsgebäude avancierte, also Rentkammerbau wurde. Errichtet wurde dieses Haus 1539/40 durch Graf Eberhard II. (1511 - 1569) im Stil der Frührenaissance. Das dichte Efeugeranke gibt dem wuchtigen Baukörper allerdings ein geschmeidigeres Aussehen, macht den Anblick lieblicher, zierlicher, verleiht ihm einen Hauch Dornröschenschlaf, was nichts über die Ak-

Ehewappen am Rentkammerbau; Wappen des Grafen Eberhard II. (1511 - 1569) und dessen Gattin, Margarethe Wild- und Rheingräfin zu Salm.

tivität und Effizienz der darin beschäftigten gräflichen Mitarbeiter aussagen will.

Der zweigeschossige Renaissancebau erhebt sich über einer geräumigen Sockelhalle. Die malerische barocke Freitreppe ist neu und zuletzt 1997 renoviert worden. Die Buntsandsteinbrüstung stammt noch aus dem 18. Jahrhundert. Der Kanzleibau wurde 1893 durch Brand zerstört und dann im alten Stil wieder aufgebaut. Ein Raub der Flammen wurden auch der angrenzende Bau, das Brauereigebäude und der Fachwerkteil des *„Alten Baues"*. Der 1893/94 anstelle der Brauerei im Renaissancestil errichtete Neubau wird *„Damenbau"* genannt.

Ein von schwungvollem Arabeskenwerk, einer üppig entwickelten Helmdecke, umranktes Allianzwappen an der Fassade zum Schloßhof, das

Schloß, Innenhof; Zeichnung Gertraude Mohr.

allmählich im rankenden Grün des Efeus zu verschwinden droht, deutet auf die Häuser Erbach-Rheingraf und bezeichnet den Grafen Eberhard II. als Erbauer. Die üppig entwickelten Helmdecken (Rot-Weiß) beziehungsweise (Rot-Blau) sind verschnörkelt und phantastisch verschlungen (arabesk). Dieses Blatt- oder Rankenmuster ist gekonnt ausgebildet und dekorativ in den Dienst der Flächenverzierung gestellt, was die Plastizität der Wappenschilde erhöht und wirkungsvoll in Szene setzt. Dieses Ehewappen - beide sind Vollwappen - gehört mit zu den schönsten Wappendarstellungen im Schloßhof, ja auch darüber hinaus. Die Helmzier sind für Erbach wieder die Büffelhörner (offen) in Rot-Weiß und Weiß-Rot und für die Familie der Rheingrafen die Pfauenstöße (Blau). Der Spangenhelm auf dem Wappen der Ehefrau ist bedeckt von einem roten Fürstenhütchen. Der Herzschild ist etwas unterschiedlich gestaltet gegenüber demjenigen des Rheingräflichen Wappens, das wir eben am Schloßhauptbau beobachtet haben: Während bei ersterem die beiden Salme und darunter der Balken vorne im Schild geführt werden, sehen wir diese Wappenfiguren im hinteren Teil des Herzschildes bei letzterem Wappen. Diese feinen Unterschiede wiederholen sich am anschließenden Damenbau; es sind dies zwei Allianzwappen, die für dieselben Personen hergestellt wurden, für Graf Eberhard II. und dessen Gattin, Margarethe Wild- und Rheingräfin zu Salm (gestorben 1574).

Wir werden ihrem Ehewappen noch einmal beim Städtelrundgang am Rathaus (Mümlingufer) begegnen. Die Wappentafel befindet sich am Rentkammerbau nicht an ursprünglicher Stelle, sondern wurde erst nach dem Brand 1893 hier eingemauert.

Über dem Eingang zur Rentkammer sehen wir eine portalartig aufgebaute Wappennische mit dem Ehewappen Erbach-Stolberg. Die beiden Wappenschilde sind leicht einander zugeneigt und sehr exakt gearbeitet. Es handelt sich hierbei um sogenannte Tartschenschilde mit Einschnitt für die Lanze („*Ruhe*" genannt), wie sie ab Mitte des 15. Jahrhunderts üblich wurden. Dem Erbacher Sternenwappen ist das Hirschwappen (schwarzer schreitender nach rechts gewendeter Hirsch in Gold) gegenübergestellt. Unter den Schildwappen befindet sich in umrandeter Schrifttafel folgende Inschrift in lateinischen Großbuchstaben:

Ehewappen über dem Portal des Rentkammerbaus; Wappen des Grafen Georg Albrecht (1844 - 1915) und dessen Gattin, Erika Juliane zu Stolberg-Stolberg (1856 - 1928).

„NACH DEM BRAND AM 10. JAN. 1893 WIEDER AUFGEBAUT VON GEORG ALBRECHT GRAF ZU ERBACH A.D. MDCCCXCIII" (= 1893).

Graf Georg Albrecht (1844 - 1915) war mit Gräfin Erika Juliane zu Stolberg-Stolberg (1856 - 1928) verheiratet. Das Wappenportälchen ist stark dem gleich zu besprechenden Portälchen am Damenbau nachempfunden und im Stil der Renaissance gearbeitet.

Eine grüne längliche Metalltafel über der Freitreppe mit weißer Aufschrift „*Gräfl. Rentkammer Gräfl. Forstamt*" zeigt das Erbacher Sternenwappen mit gräflicher Bügelkrone. Die Tafel ist einer barocken Kartusche nachempfunden und verweist auf die Funktion des Gebäudes, an dem sie angebracht ist.

Hinweistafel am Rentkammerbau.

Auch im Innern der Rentkammer ist Wappenschmuck vorhanden, nämlich das Doppelwappen Erbach-Wartenberg-Roth über einem Türgewände, zwei zueinandergekehrte Schilde, heraldisch rechts Erbach, links Wartenberg-Roth.

An den Bau der Rentkammer schließt sich der eben erwähnte massive Gebäudeteil an. Er war 1893 ebenfalls abgebrannt und wurde wieder stilgerecht als *„Damenbau“* errichtet. Er war baugeschichtlich ein selbständiger Teil, der sich an die Bausubstanz des *„Alten Baues“*, auch *„Altbau“* bezeichnet, anschloß. Er nahm einstmals die im Jahr 1851 hier eingerichtete Brauerei auf, die nach dem verheerenden Brand nicht mehr in Betrieb genommen wurde.

Der *„Alte Bau“* mit massivem Damenbau und Fachwerkbau stammt aus der Mitte des 16. Jahrhunderts. Am *„Alten Bau“* von ebenfalls 1540 und am früheren Treppenbau der Kanzlei wiederholt sich das Erbach/Rheingräfliche Wappen *„in guter Stilisierung“* (Schäfer 1891). Das erste Ehewappen befindet sich unter dem Renaissancegiebel und wird von einem kleinen geschwungenen Metalldach geschützt. Die beiden Wappen - es sind Tartschenschilde ohne Helm und Helmzier, also Schildwappen - sind plastisch in eine Wappennische hineingearbeitet, die man auch als Portälchen bezeichnen kann, so wie es die Renaissance liebte. Dieser Bauteil trägt folgende Inschrift in lateinischen Großbuchstaben:

„EBERHART . GAVF ZU ERPACH .
ANNO . DN̄I . MDXXXX“ (= 1540).

Das *„GAVF“* ist wohl verschrieben, ein Versehen des Steinmetzen und müßte Grav, Grafe oder Grave heißen. Der Längsstrich über dem N von „DNI“ = ist eine Kürzel, so daß man lesen muß: *„Domini“*.

Ehewappen am „Alten Bau“ (Damenbau); Wappen des Grafen Eberhard II. (1511 - 1569) und dessen Gattin, Margarethe Wild- und Rheingräfin zu Salm, 1540.

Ehewappen (wie oben) über dem Renaissance-Portal des Damenbaus, 1550.

Diese Wappentafel hat den Brand von 1893 überdauert und befand sich davor am Rentkammerbau.

Über dem Renaissance-Portal des Damenbaus, inmitten zweier Obelisken, sehen wir eine zweite Wappennische in Form eines Portälchens. Sie trägt die Jahreszahl 1550. Auch hier handelt es sich wieder um das Ehewappen des Grafen Eberhard II. und seiner Gemahlin Margarethe Wild- und Rheingräfin zu Salm. Die Schilde sind ohne Helme und Helmzier dargestellt und mit reichem Arabeskenwerk umrahmt, das satt aus der Wappennische hervorquillt. Hier ist eindeutig die Helmdecke zum Arabeskenwerk herabgesunken. Die Helmdecke wurde, stilisiert, zu pflanzlichen Formen umgedeutet. Diese überwuchern die Wappenschilde als ornamentales Füllwerk und geben dem Ganzen auf ihre Art einen gewissen Reiz, obwohl die Gesetzmäßigkeiten der Heraldik vernachlässigt wurden. Die beiden, das Gesimse und Gebälk tragenden, Säulchen des kleinen Portals sind im oberen Teil als Menschenrümpfe ausgearbeitet. Der Herzschild des Wappens Salm steht hier übrigens im Widerspruch zu dem zuvor besprochenen Wappen und dem, das am Rentkammerbau angebracht ist, gleicht aber diesbezüglich dem zuvor besprochenen Wappen am Hauptschloßbau, das freilich später entstanden ist.
Kunsthistoriker Schäfer (1891) muß vor 100 Jahrenübrigens den ursprünglichen Renaissance-Bauten wenig künstlerischen Wert beigemessen haben, wenn er schreibt: *„Die erwähnten Gebäude selbst erheben keinen hohen Anspruch weder im Tektonischen noch im Stilistischen“.* - Wir sehen das heute - trotz der Nachfolgebauten - eher anders. Der *„Alte Bau“* (Fachwerkbau) war im Gegensatz zum Rentkammerbau und Brauereigebäude nicht durch Brand zerstört worden. Er enthielt früher Stallungen und Remisen sowie Wohnungen für gräfliche Bedienstete. 1550 wurde der hübsche Fachwerkbau erstellt. Heute beherbergt dieser Bau das Forum für Information und Kommunikation Technologie-Transfer (IKTT) des Zentrums für Grafische Daten-Verarbeitung (ZGDV) e.V. (Damenbau), die Bücherei der Stadt Erbach, eine öffentliche Toilette (zur Benutzung während der Öffnungszeiten für die Schloßführungen) und Wohnungen (Fachwerkbau).

Bevor wir den Damenbau verlassen, um uns dem Fachwerkteil zuzuwenden, lesen wir noch die Inschrift über dem Portal:

„GEORG ALBRECHT
COMES ERBACHENSIS
RENOVAVIT ANNO
DOMINI MDCCCLXXXXIV".

Die in lateinischen Großbuchstaben und in lateinischer Sprache abgefaßte Inschrift lautet in der Übersetzung:

„Georg Albrecht Erbacher Graf hat renoviert im Jahr des Herrn 1894".

Bei aller Renaissance-Romantik, die dieses Stückchen bebauter Erde ausstrahlt, vergißt man fast (obwohl zwei Inschriften daran erinnern), daß *„die heutige Gestalt des Erbacher Schloßhofes im wesentlichen der Planung des Grafen Arthur zu verdanken ist ... Die Brauerei verwandelte sich (wieder) in einen schönen Renaissancebau"* (Müller 1955).

Im Giebel einer Gaube des Fachwerkgebäudes zur Schloßhofseite ist eine Wappentafel angebracht, die ursprünglich nicht hierher gehört. Wagenknecht (1995) gibt uns hierzu folgenden Hinweis: *„1591 wurde dem heutigen Anwesen Brand gegenüber (in der Brückenstraße) ein neues Tor in die Stadtmauer gebrochen, das sogenannte hintere Stadttor. Das heute am alten Bau im Schloßhof angebrachte Wappen zierte einst das hintere Tor".* Es handelt sich hierbei um das Allianzwappen Erbach/Waldeck. Dieses Ehewappen ist mit das schönste, das wir auf unserer Rundwanderung im Schloßhof sehen können. Beim Schild des heraldisch rechten Vollwappens handelt es sich um den quadrierten Er-

Allianzwappen am Fachwerkbau: Erbach/Waldeck.

bach-Breubergischen Schild des Mannes und heraldisch links um den seiner Ehefrau; er zeigt einen schwarzen sechszackigen Stern in Gold.

Auf beiden Wappenschilden sitzt ein buntbemalter, frontal abgebildeter Turnierhelm, die Helmzier besteht aus zwei Büffelhörnern (offen) und den beiden Erbacher Fähnchen (Rot-Weiß-längsgestreift). Die Helmdekken sind Rot-Weiß (die Farbgebung ist nicht eindeutig beziehungsweise konsequent durchgeführt).

Den Eheverbindungen im Grafenhaus nach zu schließen, könnte es sich hier - und dafür spricht auch die im Renaissance-Stil angelegte Wappentafel - um die beiden Wappen von Graf Ludwig III., den Ritter (1579 - 1643) und seiner Gemahlin Juliane, Gräfin zu Waldeck (gestorben 1622), handeln. Gräfin Juliane war die Tochter des Grafen Josias und der Gräfin Maria von Barby, der vierten Gemahlin seines Vaters Graf Georg II. (1548 - 1605), der diese als Witwe geheiratet hatte. Juliane Gräfin zu Waldeck gilt als die Gründerin einer Lateinschule in Erbach. Von Graf Ludwig III. ist bekannt, daß er an den Schlössern Erbach und Freienstein Reparaturen durchgeführt hat; er erstellte auch *„andere nützliche Bauten“* (Simon 1858). Auch aus diesem Grund könnte das eben betrachtete Wappen seiner Person zugeordnet werden.

Eheverbindungen zwischen den Häusern Erbach und Waldeck gab es bis zu diesem Zeitpunkt noch nicht, aber mehrere danach: Georg Ludwig (1643-1693) verehelichte sich mit einer Gräfin von Waldeck, ebenso dessen Bruder Georg VI. (1646 - 1678) sowie Graf Philipp Ludwig (1669 - 1720) und zuletzt Franz-August mit Margarethe Prinzessin zu Waldeck und Pyrmont.

Unser Rundgang nähert sich allmählich wieder dem Archiv- und Torbau und geht damit dem Ende entgegen. Südlich links kommen wir am polygonen Treppenturm oder *„Stiegentürmchen mit einem lebhaft gegliederten Rundbogeneingang und seinem frei und luftig aufschießenden Schieferhelm“* (Schäfer 1891) vorbei. Seit dem Jahr 1737 enthielt das Bauwerk in seinen gediegen konstruierten Innenräumen das Archiv des Gesamthauses Erbach. Wäre es nur da geblieben! Statt dessen wurde es in der Zeit vom 13. bis 15. Juli 1932 als Leihgabe an das Hessische Staatsarchiv abgegeben und konnte trotz intensiver Bemühungen während des Zweiten Weltkrieges nicht zurückgeholt werden. Dort wurde es in der Brandnacht vom 11. auf den 12. September 1944, in der Darmstadt fast völlig zerstört wurde, ein Raub der Flammen.

In der Außenwand des Treppenturms findet sich ein Ehewappen, das den Grafen Georg II. (1548 -1605) und dessen vierte Ehefrau, Maria Gräfin von Barby (verwitwete Gräfin von Waldeck, gestorben 1619) bezeichnet. Über dem etwas grob anmutenden Wappenstein schwingt sich kühn ein kleines Metalldach zu dessen Schutz.

Auch diese Wappentafel fand hier einen zweiten Platz ihrer Vermauerung. Sie wurde angeblich im Innern des Schlosses aufbewahrt und erst später an den neuen Ort versetzt.

Heraldisch rechts ist das Erbach-Breubergische Wappen (quadrierter Schild, Erbacher Sterne Felder I und IV, zwei Balken Felder II und III) zu sehen, daneben (heraldisch links) das derer von Barby, hier ein quadrierter Schild mit einem roten Adler auf Silber (Felder I und IV) und einer silbernen Rose in Rot (Felder II und III). Das Wappen des Mannes ziert ein Turnierhelm mit Laubkrone, den (offenen) Büffelhörnern und den beiden übers Kreuz gesteckten Fähnchen, das der Ehefrau zieren zwei Turnierhelme mit Laubkrone, als Helmzier die Bracke (Jagdhund) in Braun und eine Zipfelmütze in Rot (letztere heraldisch links). Die Helmdecken sind Rot/Silber beziehungsweise Silber/Rot (oder beidesmal Rot/Silber?). Das Ehewappen ist farbig neu angelegt; am Helmhals ist jeweils die Münze an einer Kette deutlich zu erkennen. Sie deutet auf die Zugehörigkeit zu einer Turniergesellschaft.

Über dem Torbogen (Archivbau) erblicken wir beim Verlassen des eindrucksvollen und wappengeschmückten Schloßhofes nochmals das Ehewappen - zwei Vollwappen -, das die beiden vorgenannten Personen bezeichnet. Das von Genien gehaltene, reich ornamentierte, Allianzwappen Erbach/Barby wurde unter der Erde gefunden und nur zufällig an der Hochwand angebracht (Schäfer 1891). Nach Wagenknecht (mündlich 1997) stammt diese steinerne Bauurkunde vom gräflichen Viehhof. Unter dem Gesims, auf dem die Genien stehen und die Wappenschilde ruhen, findet sich eine Inschrifttafel mit einem Löwenkopf am unteren Ende.

Allianzwappen am Treppenturm: Erbach/ Barby; Graf Georg II. (1548 - 1605) war mit Maria Gräfin von Barby in vierter Ehe verheiratet.

Allianzwappen (wie oben) über dem Torbogen (Archivbau), 1593.

Die Inschrift ist hauptsächlich in lateinischen Minuskeln geschrieben und heißt:
„Georg Grave zu Erpach und Herr zu Breubergk
ANO . DNI . MDLXXXXIII“ (= 1593).

Der Wappenstein ist durch ein kleines Metalldach vor Witterungseinflüssen geschützt. - Das Erbacher Wappen ist übrigens nicht korrekt tingiert (Feld III mit drei roten Balken!).

Welcher von beiden zuletzt besprochenen Wappensteinen derjenige ist, von dem Schäfer (1891) sagt, er sei *„unter der Erde gefunden und nur zufällig an die Hochwand angebracht“*, kann nicht entschieden werden.

Bevor wir den reizvollen Schloßhof verlassen und der Alltag uns nun dem traumhaften Dornröschendasein entreißt, denken wir an die großen Schätze, die auch das Schloßinnere birgt. Die gräflichen Sammlungen nämlich bergen Kunstschätze, *„die an Schönheit und Seltenheit in unserem Lande nicht ihres Gleichen haben und mit Recht eines weitverbreiteten Rufes sich erfreuen“* stellt schon Schäfer (1891) fest. Gründer dieser Sammlungen ist Graf Franz I. (1754 - 1823), der letzte souveräne Graf zu Erbach-Erbach. Wir erwähnen hier nur Rittersaal, Hirschgalerie, die Gewehrkammer, das Römische Zimmer, den Oranischen Saal, den Roten und Chinesischen Saal, die St. Hubertuskapelle und die Einhardskapelle. Hierüber gibt es eigene literarische Hinweise und geeignete Führer.

Da wir uns aber auf eine Wappenrundreise begeben haben, wollen wir doch noch wenigstens die Wappen erwähnen, die sich im Schloßinneren befinden.

In der Hirschgalerie befindet sich eine mit Wappen und Namen des Landgrafen Ernst Ludwig von Hessen-Darmstadt versehene Armbrust, eine weitere aus 1595 mit bischöflichem Wappen. In der Gewehrkammer sieht man zahlreiche wappengeschmückte Gestelle, die 300 Schußwaffen verschiedener Jahrhunderte enthalten. Die holzgeschnitzte barocke Flachdecke ist mit dem Gräflich Erbachischen Wappen versehen. Ein Prunkstück, der Doppelpokal des Kurfürsten und Mainzer Erzbischofs Dietrich Schenk von Erbach, ist mit Wappenschilden von Erbach und Kurmainz verziert. Im Rittersaal finden sich an den Wänden die Wappen all derer, mit denen die Herren von Erbach zumeist in ehelicher Verbindung standen.

Schloß mit Schloßturm (Bergfried); Zeichnung Gertraude Mohr.

In der Einhardskapelle werden mehrere skulptierte Grabplatten aufbewahrt. Sie stammen teils aus der Steinbacher Klosterkirche (Basilika), teils aus der Michelstädter Pfarrkirche. Viele von ihnen tragen das Wappen der Herren von Erbach und ihrer Angehörigen. Es sind insgesamt 15 Grabdenkmäler, die hier von der langen Ahnenreihe der Erbacher Schenken und Grafen künden. Die weitaus meisten Grabdenkmäler finden sich in der Stadtkirche in Michelstadt, der bedeutendsten Grablege des Erbacher Grafenhauses. Die älteste Grablege ist wohl die Basilika zu Steinbach gewesen. Später ließen sich die Alt-Erbacher im Kloster Schönau begraben, dann in Michelstadt. Die Linie Erbach-Fürstenau bestattet ihre Toten auf dem Friedhof in Ober-Sensbach, die gefürstete Linie Erbach-Schönberg auf dem Friedhof an ihrer Kapelle in Schönberg. Auch auf dem Erbacher Friedhof liegen Angehörige des Grafenhauses (Erbach-Erbach). Auch sonst trifft man in Kirchen und Klöstern im Bereich ihres ehemaligen Wirkungsfeldes immer wieder auf Grabdenkmäler der Erbacher Schenken und Grafen sowie deren Angehörigen.

In der St. Hubertuskapelle, der Haus- oder Schloßkapelle der Grafen, wird der spätgotische Schöllenbacher Flügelaltar aufbewahrt. Er trägt das Wappen von Erbach und Wertheim. Gestiftet wurde dieser künstlerisch bedeutsame und wertvolle Altar von Graf Eberhard I. (1470 - 1539). Er war mit Marie von Wertheim verheiratet.

Hinweisen wollen wir abschließend noch auf ein Gemälde in der Treppenhalle des Schlosses, das den Kroatenüberfall von 1621 auf das Schloß festhält. Darauf sehen wir an der in den inneren Schloßbering eingebundenen Kapelle unter der Fensterfront und über dem Portal (Torbau) ein Wappen, das dem zu gleichen scheint, das heute in die Wand des Treppenturmes des Archivbaus eingemauert ist (Erbach-Breuberg/Barby). Auch über dem Renaissanceportal im äußeren Schloßbering, dem sogenannten „*Schönen Tor*" der Urkunden, erkennt man ein Allianzwappen, zwei einander zugeneigte Schilde, von denen das heraldisch rechte eindeutig den Erbach-Breubergischen Wappenschild zeigt.

Wir verlassen den eindrucksvollen Schloßhof, ein Kleinod der Renaissance mitten im Odenwald, die nach dem furchtbaren Brand im Schloßhof vor jetzt über 100 Jahren eine erstaunliche Wiedergeburt erfuhr. Wir verabschieden uns eingedenk der Worte des Gräflich Erbachischen Archivars Karl Morneweg (1924): *„Neben der schönen und abwechslungsreichen Umgebung von Erbach bilden die berühmten Sammlungen im Schlosse, die alljährlich von vielen Tausenden besucht werden, den Hauptanziehungspunkt des altertümlichen Städtchens"*. Während aber der Schloßsammlungen immer wieder in mehrfacher Form gedacht wird, haben die Wappen im Schloßhof in der Vergangenheit oft eine geradezu stiefmütterliche Behandlung erfahren. Dem wollen wir endlich abhelfen.

Plan des Städtels um 1500
Erläuterung Seite 70

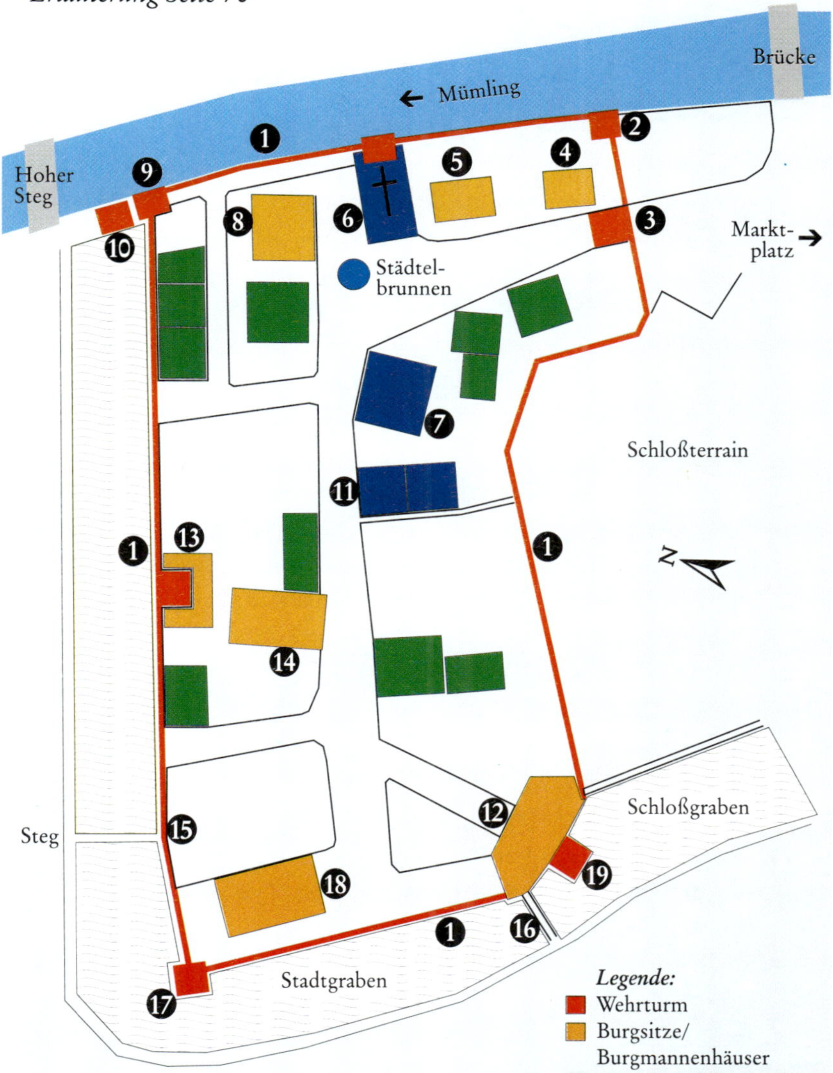

Zeichnung: Gräfl. Bauamtmann Georg Rösinger, 1984 - verändert Sattler, 1997

Plan des Städtels um 1500

- Erläuterung -

1 Städtelmauer
2 Wehrturm in der Städtelmauer
3 Haupttor, Städtelbogen
4 Burgsitz derer von Scelnbuch (Schöllenbach), danach von Hochhausen und Kottwitz von Aulenbach; heute Teil des Alten Rathauses
5 Burgsitz derer von Eichholzheim, dann von Habern; heute in der Stadtkirche aufgegangen
6 Kapelle, erbaut 1370, aufgegangen in der heutigen Stadtkirche
7 Wirtshaus von 1440, später Herrschaftliche Kellerei; heute Gasthaus „Zum Bären"
8 Burgsitz derer von Angersbach mit Städtelmauer-Turm Nr. 9; heute Foto-König
9 Städtelmauer-Turm mit Pförtchen zum Zwinger, niedergelegt 1561; an dieser Stelle befindet sich heute das Haus „Brillen-Walther" (Inhaber Geißler)
10 Pfortenhäuschen
11 Haus des Küchenschreibers; heute Haus Schiller
12 Burgsitz derer von Brensbach, dann von Habern, später Schulhaus; heute noch „Habermannsburg" genannt
13 Burgsitz der Echter (später von Mespelbrunn), „Steinern Haus"; heute „Tempelhaus" genannt
14 Burgsitz der Echter; heute Haus Engelhardt, jetzt Richter
15 Pforte in der Städtelmauer, erwähnt 1591
16 Sperrmauer zwischen Schloß- und Stadtgraben
17 Wehrturm „Die Wehre" in der Städtelmauer
18 Burgsitz der Pavey, ab 1539 Schultheiß Zeitbos; heute evangelischer Kindergarten
19 Wehrturm an der „Habermannsburg" zum Schloßgraben hin

Plan der Stadt Erbach von 1817 (Ausschnitt) Erklärung Seite 72

Plan der Stadt Erbach von 1817 (Ausschnitt)

- Erklärung -

1	Rathaus
2	Metzgerei
3	Evangelische Stadtkirche
4	Bäckerei
5	Krämerladen
6	Tuchmacherei und Kürschnerei
7	Schneiderei, Krämerei, „Zum Bären"
8	Nagelschmiede
9	Haus des Amtsverwesers und Stadtschultheißen
10	Zimmerei
11	„Habermannsburg"
12	Amtshaus des Regierungsrates
13	„Schwertsches Haus", standesherrschaftlich
14	„Reibnitzsches Haus", standesherrschaftlich
15	Dreherei und Schreinerei
16	„Tempelhaus", standesherrschaftlich
17	Tuchmacherei
18	Färberei
19	Schuhmacherei
20	Schuhmacherei
21	Dreherei
165	Schloßhauptbau
166	„Rentkammerbau"
167	„Damenbau" und „Alter Bau"
168	Orangerie und Lustgarten

Plan der Schloßhof- und Städtelführung Erläuterung Seite 74-77

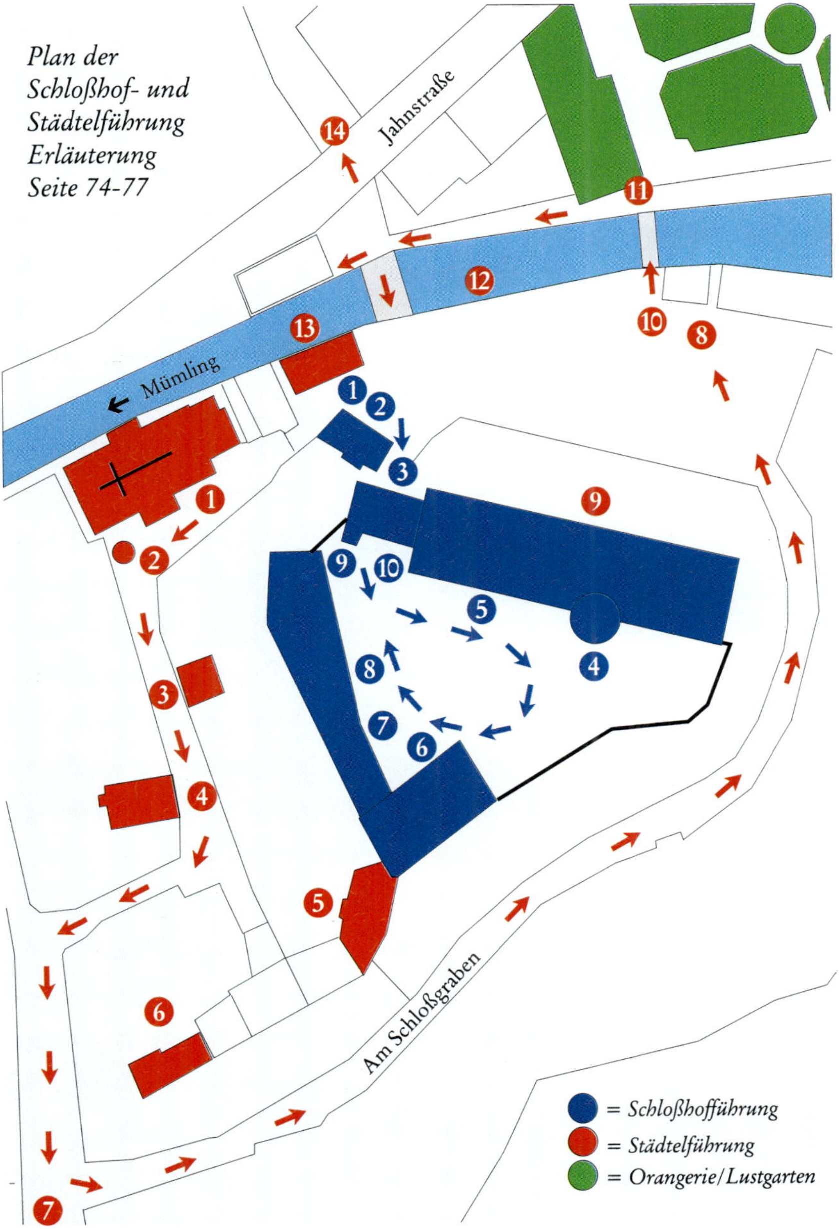

Übersicht der Wappen beim Schlosshofrundgang

1. **Rathaus**
   Stadtwappen von Erbach

2. **Schloßwache**
   a) Wappen Erbach-Wartenberg-Roth
   b) Informationstafel mit Wappen Erbach (Sternenwappen)
   c) Logo der Gräflichen Touristik-Gesellschaft (GTG) (stilisiertes Wappen, Sternenwappen)

3. **Archivbau**
   Wappen Erbach-Breuberg

4. **Schloßturm**

Allianzwappen an der Uhrenlaube über dem Ziffernblatt
   a) Wetterfahne mit Alt-Erbacher Wappen (Sternenwappen)
   b) Erbach-Bickenbach
   c) von Werdenberg und zum Heiligenberg

5. **Hauptschloßbau**

Allianzwappen
   a) Wappen Georg Wilhelm (Erbach-Breuberg)
   b) Wappen Wild- und Rheingräfin

6. **Rentkammer/Kanzleibau**
   Allianzwappen I
   a) Erbach (Sternenwappen)
   b) Wild- und Rheingräfin
   Allianzwappen II
   c) Erbach (Sternenwappen)
   d) Stolberg-Stolberg
   e) Hinweisschild mit gräflichem Sternenwappen und Krone

7. **Damenbau**

Allianzwappen I

a) Erbach (Sternenwappen)
b) Wild- und Rheingräfin

Allianzwappen II

c) Erbach (Sternenwappen)
d) Wild- und Rheingräfin

8. **Alter Bau**

Allianzwappen

a) Erbach-Breuberg
b) Waldeck

9. **Treppenturm**

Allianzwappen

a) Erbach-Breuberg
b) von Barby

10. **Archivbau**

Allianzwappen

a) Erbach-Breuberg
b) von Barby

Übersicht der Wappen beim Städtelrundgang

1. Evangelische Stadtkirche
   a) Wappen Erbach-Breuberg
   b) Wappen von Bothmar/Bodmar/Bothmer
   c) Wappen Wild- und Rheingräfin zu Daun (Dhaun) und Kyrburg bzw. zu Salm-Grumbach.
   d) Wappen Erbach-Breuberg im Orgelprospekt
   e) Wappen Erbach am Grafenstuhl
   f) Wappen Erbach-Breuberg am Altar
   g) Zwei Gedenktafeln mit Wappen Erbach, Grafenhaus
   h) Stadtwappen im Buntglasfenster
   i) Wappen der Familien Mülberger und Wider
   j) Wappen der Familie Beckh
   k) Gräfliches Wappen an der Eberhardsglocke im Turm

2. Städtelbrunnen
   a) Wappen von Bothmar/Bodmar
   b) Wappen Wild- und Rheingräfin zu Daun (Dhaun) und Kyrburg bzw. zu Salm-Grumbach

3. Fachwerkhaus Anwesen Schiller, Städtel 12
   Erbacher Sternenwappen (Emailschild)

4. Echterhaus, Städtel 17
   Allianzwappen
   a) Wappen Echter (von Mespelbrunn)
   b) Wappen von Adelsheim

5. Habermannsburg, Städtel 26
   Wappen von Habern/vom Habern

6. Reibnitzsches Haus, Städtel 32
   a) Wappen von Zeitbos
   Allianzwappen
   b) Wappen von Reibnitz
   c) Wappen von Ochsenstein

7. **Gänsgretel-Brunnen „Im Eck" (Brunnenstraße)**
   a) Gräfliches Wappen Erbach
   b) Wappen Stadt Erbach

8. **Marktbrunnen**
   Wappen Erbach-Breuberg (zweimal)

9. **Schloß, Marktplatzfront**
   Gräfliches Wappen Erbach

10. **Zunftschild der Elfenbeinschnitzer**
   Wappen Erbach-Breuberg und Stadt Erbach (je zweimal)

11. **Tor zum Lustgarten**
   Wappen der Stadt Erbach

12. **Mümlingufer** (linkes)
   Wappenserie
   a) Gräfliches Wappen Erbach
   b) Wappen der Stadt Erbach
   c) Wappen der Partnerstadt Pont-de-Beauvoisin (Savoie, Frankreich)
   d) Wappen der Partnerstadt Pont-de-Beauvoisin (Isere, Frankreich)
   e) Wappen des Odenwaldkreises

13. **Rathaus,** Rückfront, Marktplatz 1
   Allianzwappen
   a) Gräfliches Wappen Erbach
   b) Rhein- und Wildgräfin von Salm

14. **Brunnen am Treppenweg**
   a) Erbach im Rheingau
   b) Erbach im Odenwald
   c) Erbach an der Donau

7. Schmuckhaft
Rund ums Schloss - Städtelführung

Mit unserem wappenkundlichen Rundgang durch das Städtel beginnen wir an der evangelischen Stadtkirche. Graf Georg Wilhelm zu Erbach-Erbach (Regent ab 1731) erstellte den Barockbau der heutigen evangelischen Stadtkirche. Baubeginn war 1748, 1750 erfolgte die Einweihung. An der Turmtür stehen der Name Jehovah in hebräischer Schrift und folgende Weiheinschrift in lateinischen Großbuchstaben:
„DEM DREIEINIGEN GOTT ZUR EHRE, DER EVANGELISCH-LUTHERISCHEN RELIGION ZUM DIENSTE UND SICH UND SEINEM VOLKE ZUM TROSTE ERBAUTE DIESEN TEMPEL DER HOCHGEBORENE DES H.R. REICHES GRAF UND HERR GEORG WILHELM REGIERENDER GRAF ZU ERBACH, HERR ZU BREUBERG etc. etc.
DER GRUND WURDE DEN XVII AUG 1747 GEGRABEN: DEN XIIII NOV. 1748 WURDE AUF DER SPITZE DES LANGHAUSES DEN XII SEPT. 1749 AUF DER SPITZE DES THURNS: DEN IIII OCTOB. DIESES JAHRES AUF DEM KNOPFE DEM HERRN DER HEERSCHAREN GEDANKET DAS ER DEN BAU GNAEDIG GEFOERDERT UND DIE BAULEUTE MAECHTIG BESCHUETZET, DEN XII JUL. 1750. WEIHETE MAN DIESES HAUS FROEHLICH EIN, DAS DER NAME GOTTES DASELBST SEYN SOLLE EWIGLICH“.

Im äußeren Halbrund des Rundgiebels steht, ebenfalls in lateinischen Großbuchstaben (Kapitale):
„SO LAS NUN HERR DEINE AUGEN OFFEN SEYN UEBER DIS HAUS TAG UND NACHT UND DEINE OHREN AUFMERKEN AUFS GEBET AN DIESER STAETTE!"

Üppige Ornamentik des Barock: Wappenschild mit Grafenkrone über dem Hauptportal der Erbacher Stadtkirche (1750).

Über dem westlichen Langhausportal sieht man das Hauswappen des Stifters und Erbauers:
Das Erbach-Breubergische Wappen, begleitet von den Wappen seiner ersten und zweiten Gemahlin, Sophie Charlotte, geborene Gräfin von Bothmar (auch Bodmar oder Bothmer), verwitwete Reussin, Gräfin von Plauen (links) - sie starb 1748 - und Leopoldine Sophie Wilhelmine geborene Wild- und Rheingräfin zu Dhaun (auch Daun) und Kyrburg (nach Schäfer 1891) bzw. zu Salm-Grumbach (nach Morneweg 1924, die Dhaunsche Linie wurde später Grumbacher Linie genannt) - sie starb 1795 - (rechts), jeweils über den Portalen mit barocken Sprenggiebeln. Alle drei Wappen sind mit einer goldenen Laubkrone als Grafenkrone ausgestattet, die auf einer üppigen Kartusche mit reichem Rollwerk sitzt. Die Wappenumrahmung ist in üppiger Ornamentik des Barock gestaltet: Schild mit eingerollten Schildrändern in Kartuschenform (= Kartuschenschild). Das Gräflich Erbachische Wappen zeigt die Erbacher Sterne und Breuberger Balken in diagonalem Wechsel (quadrierter, gevierter Schild). Die Wappen der Ehefrauen sind beide redend: Im Herzschild des Wappens der Gräfin

Kartusche mit Rollwerk: Wappen von Bothmar an der Stadtkirche.

Barockes Wappen des Rheingräflichen Hauses Salm an der Stadtkirche.

von Bothmar sieht man ein silbernes Boot auf blauem Grund, im Feld II des Herzschildes des Wappens des Rheingräflichen Hauses Salm die beiden Rheinfische (Salm = Lachs, Rheinlachse). Dieses Wappen ist im Herzschild farblich nicht korrekt ausgeführt (gespaltener Schild, vorn drei Löwen, sie bilden eine Einheit!).

Im Innern des Gotteshauses entdeckt der Besucher ebenfalls mehrfach das Erbacher Grafenwappen. Links und rechts von Posaunen blasenden Engeln und reicher Rokkoko-Ornamentik umgeben, prangt am mittleren und höchsten Teil des Orgelprospektes das Grafenwappen Erbach-Breuberg, desgleichen an der Tür zum Grafenstuhl gegenüber (Erbach-Wartenberg-Rothsches Wappen). Auch am Altar aus Marmor ist an dessen Vorderseite das spätbarocke oder schon im Stil des Rokoko gearbeitete Wappen mit Wappenkrone über dem ovalen Schild Erbach-Breuberg äußerst dekorativ angebracht. Die Rückseite ziert ein Monogramm. Der aufmerksame Besucher des Gotteshauses entdeckt das gräfliche Wappen auch je einmal auf zwei Gedenktafeln aus Sandstein auf der Westseite (für die Feldzüge 1866, 1870/71).

Am Altar das Grafenwappen aus Marmor im Rokoko-Stil.

Das gräfliche Wappen am Orgelsprospekt in Rokoko-Ornamentik in der Stadtkirche.

Im Innern der Kirche sind noch weitere Wappen zu finden: Das Stadtwappen im Buntglasfenster links vom Altar, ferner das Wappen der Familie „Beckh" im Fenster rechts vom Altar sowie die Familienwappen „Mülberger" und „Wider" im Buntglasfenster auf der Nordseite. - Die Eberhardsglocke im Turm der Stadtkirche trägt das gräfliche Wappen. Sie wurde gestiftet vom Grafenhaus zum Andenken an Eberhard Erbgraf zu Erbach-Erbach, geboren am 23. August 1922, gefallen in Rußland am 23. November 1943.

Wir gehen einige Schritte weiter, entgegen dem Uhrzeigersinn und kommen an einen Laufbrunnen mit Brunnenstock und rechteckigem Wasserbecken; es ist der Städtelbrunnen vor der Kirche. Er trägt die Jahreszahl 1743. Seine Bestandteile sind jedoch älter und weisen in die Stilepoche der Renaissance. Die heutige Form hat er erst zwischen 1743 und 1754 erhalten. Unter zwei Wappen speit eine Steinfratze das Wasser aus. Die Wappen mit den Reliefschildbildern (ohne Tinktur) weisen Boot und Fische als Erkennungszeichen der gräflichen Häuser von Bothmar und von Salm auf. Auf den schwungvoll gearbeiteten barocken Wappenschilden, 1743 angebracht, ruht die Grafenkrone in der Gestalt, wie sie schon

Wappen am Brunnenstock des Städtelbrunnens: von Bothmar/von Salm.

über den Wappenschilden an der Stadtkirche beobachtet werden konnte.

Bekrönt wird der reich ornamentierte Renaissance-Brunnenstock von einem sitzenden Löwen als Schildhalter, der in seiner linken Pranke den Schild mit dem Wappen der Stadt Erbach hält, eine Arbeit aus der Fachschule von 1952. Auch am gegenüberliegenden Fachwerkhaus (Städtel 12, Anwesen Schiller, früher Amtshaus) findet sich ein Wappenschild. Es ist am linken Eckbalken im ersten Geschoß angebracht und zeigt auf einem farbig emaillierten Metallschild das Sternenwappen der Erbacher. Es wurde an der Stelle angebracht, wo zuvor die drei Sterne in den Balken eingeschnitzt und unwissentlich entfernt worden waren.

Weiter wandern wir gegen den Uhrzeigersinn und kommen, nur wenige Häuser weiter, zu einem der eindrucksvollsten Häuser in Erbach, Städtel 17 (vormals Radio Engelhardt, jetzt Anwesen Richter). Es gehörte zum Burgsitz der Echter (später: von Mespelbrunn). Das Allianzwappen der Erbauer, Peter Echter und Gertrud von Adelsheim, zeigt für den Mann einen mit drei blauen Ringen belegten silbernen Querbalken (rechts-links) in blauem Feld (links) und für die Frau ein schwarzes, nach rechts gewendetes Steinbockshorn auf silbernem Grund. Spangenhelme und sonstiges ornamentales Zierwerk sind künstlerisch gut durchgearbeitet, leider aber hat der Maler immer noch nicht durchweg korrekt gearbeitet (vgl. hierzu das Kapitel über die Echter). Die hübsche Wappentafel verweist inschriftlich auf die Erbauer und auf das Jahr der Entstehung: 1545 (Schrift und Jahreszahl sind in Gold nachgefahren).

Allianzwappen Echter/Adelsheim (1545) im Erbacher Städtel 17.

Gräflich Erbachisches Wappen, Städtel 12, Anwesen Schiller (früher Amtshaus).

Schräg gegenüber betreten wir den Hof zur „Habermannsburg", Städtel 26. An der Außenfassade des Treppenhauses hoch über dem Portal unterhalb des zweiten Fensters sieht man einen Wappenstein mit dem gotisch stilisierten Wappen derer vom Habern (auch von Habern): zwei mit dem Rücken gegeneinander gekehrte Beile oder Streitäxte, dazu die Jahreszahl 1515.

Wappen an der „Habermannsburg", Städtel 26.

Die Darstellung der Beile wiederholt sich in der Helmzier, die aus zwei Flügeln (offener Flug) besteht. Der frontal auf den Wappenschild gesetzte Spangenhelm ist fein durchgearbeitet; einfach, aber gekonnt stilisiert ist das ornamentale Beiwerk, das nur noch entfernt an eine Helmdecke erinnert. Das Wappen ist nicht farbig angelegt.

In fast unmittelbarer Nachbarschaft, nur zwei Anwesen - darunter das Schwenksche Haus (Schwenk war gräflicher Küchenmeister) - sind dazwischen, schmiegt sich das Reibnitzsche Haus der alten Städtelmauer an (Städtel 32). Hier entdecken wir gleich zwei Wappensteine an der Gebäudesubstanz im massiven Unterbau des reizvollen Fachwerkhauses, das in gräflichem Besitz ist und als Kindergarten der evangelischen Kirche genutzt wird.

Das ältere Wappen ist das der Familie von Zeitbos (auch Zeitboß) und befindet sich im Türsturz des Kellereingangs. Es zeigt eine Sanduhr (Stundenglas), darüber einen Stern, dazu die Jahreszahl 1545. Das Wappen ist also genau zur selben Zeit entstanden wie dasjenige am Echterhaus (Städtel 17). Das 16. Jahrhundert war eine baufreudige Zeit, die wirtschaftliche Lage vor dem Dreißigjährigen Krieg ausgesprochen gut. Die in gräflichen Diensten stehende Beamtenfamilie von Zeitbos erwarb den Hof im Jahr 1490. Später wohnte hier die Familie von Reibnitz. Carl Heinrich von Reibnitz wird 1731 erstmals genannt bei seiner Heirat mit der Witwe des Ernst Philipp Weymar von Trebnitz. Diese starb am 22. August 1739. Daraufhin heiratete er Margaretha Rebecca von Ochsenstein. Er starb 1780 im Alter von 84 Jahren, zwei Monaten, ein Tag, so das Sterberegister. Das Wappen des Carl Henrich von Reibnitz und Krenzau und das seiner Ehefrau Margaretha Rebecca geborene von Ochsenstein findet sich, stark verwittert, auf dem Podest der Freitreppe. Eine Jahreszahl ist nicht eingemeißelt. Das Allianzwappen (Ehewappen) wird durch eine Krone über den beiden Schildhäuptern verziert und verweist auf den (niederadeligen) freiherrlichen Stand dieser beiden Familien. Beide Wappen, dasjenige derer von Zeitbos und dasjenige derer von Reibnitz-Ochsenstein, sind nicht farbig angelegt.

Wappenstein von Reibnitz/von Ochsenstein, Städtel 32.

Nur schwer trennt sich der Besucher von diesem idyllischen Ort, um, das romantische Städtel verlassend, über die Brückenstraße den ehemaligen Schloßgraben zu umrunden. Diese Straße heißt denn auch bezeichnenderweise *„Am Schloßgraben"*. Am reizvollen ehemaligen Stadtgraben entlang und der fast halbkreisförmigen Städtelmauer folgend, wird der Besucher zu seiner Linken von der sich organisch anschließenden ehemaligen Schloßumwehrung begleitet. Er blickt vom ehemaligen Schloßgraben aus in den Schloßhof mit seinem imponierenden mächtigen Bergfried und verläßt in Höhe des Schlosses das anmutige Gäßchen mit seinem bodenständigen Gewerbe und seiner einladenden Gastronomie. Wer will, kann, bevor er in den Schloßgraben eintritt, noch dem Gänsegretelbrunnen (früher *„Badbrunnen"*) einen Besuch abstatten. Er steht unweit *„Im Eck"* in der Brunnenstraße und wird vom Erbacher Stadtwappen und vom Gräflich Erbachischen Wappen (Sternenwappen) geziert. An die alte Bezeichnung *„Badbrunnen"* erinnert die neue Straßenbezeichnung *„Am Badbrunnen"*.

Wappen von Zeitbos (1545), Städtel 32 (Kindergarten).

Gräflich Erbachisches Wappen am Gänsgretelbrunnen.

Wappen der Stadt Erbach am Gänsgretelbrunnen.

Ziel des wappenkundlichen Rundgangs ist jetzt der Marktbrunnen. Hierzu müssen wir den Marktplatz an seinem westlichen Ende überqueren. Zuvor werfen wir noch einen Blick auf ein ins Auge springendes Barockgebäude. Es steht in unmittelbarer Nähe rechts des anzusteuernden Brunnens, die Schloßmühle. Sie war eine Erbbestandsmühle, die in das Eigentum der Müllerfamilie Heim überging und von da an die Familie Glenz, die 1874 an die Herrschaft veräußerte. Nun erfolgte der grundlegende Umbau der Mühle zum Marstall (Räume für die Pferdehaltung). Dann nahm das Gebäude einige Jahre lang die öffentlichen Toiletten auf. Heute befindet sich hier das „*Café Schloßmühle*", Marktplatz 4. Kunsthistoriker Georg Schäfer (1891) berichtet in seinen Kunstdenkmälern, daß „*ein von Reichelsheim hierher versetztes Nischenwappen mit der Abbreviatur: G.W.G.Z.E.H.Z.B. (Georg Wilhelm Graf zu Erbach, Herr zu Breuberg) A. 1723*" an den im 18. und 19. Jahrhundert erfolgten Umbau erinnert. Nischenwappen und Abbreviatur (Abkürzungen) sind jedoch nicht mehr vorhanden. Das Wappen über der Eingangstür wurde angeblich vom Grafenhaus anderweitig verwendet.

Wir wenden uns jetzt dem Marktbrunnen zu. Er trägt die Jahreszahl 1743. Das fünfteilige Wasserbecken besteht aus Buntsandstein mit modernen Eisenverzierungen. Der reich geschwungene Schildrand weist ebenso in die Zeit des Barock wie der ovale Wappenschild mit bizarrer Außenumrahmung. Gehalten wird dieser Doppelschild von den kräftigen Pranken einer untersetzten Löwenfigur auf dem Podest des Brunnenstocks.

Leider sind die beiden Wappenschilde am Brunnen farbig falsch angelegt. Das Feld III zeigt nämlich sowohl im Wappen in den Pranken des Löwen als auch im Wappen am Podium drei statt zwei rote Querbalken. Der Handwerker hätte die rote und weiße Farbe gerade in umgekehrter Reihenfolge malen müssen, zumal ja auch die richtige Anordnung der Balken und die entsprechende Farbgebung aus dem analogen Feld II hätten abgelesen werden können.

Vom Marktbrunnen aus schweift der Blick zurück auf die breit gelagerte Schloßfassade mit dem bekrönenden und selbst bekronten Barockwappen des Hauses Erbach. Weithin leuchten die drei Sterne des Alt-Erbacher Wappens. Dahinter weht die Flagge des Grafenhauses zu besonderen offiziellen Anlässen: Rot/Weiß (wie die Farben des Landes Hessen), darin

Der Marktbrunnen von 1743.

Gräfliches Sternenwappen mit aufgezogener Fahne auf dem Erbacher Schloß.

die Erbacher Sterne (im Verhältnis 2 : 1) in gewechselten Farben. Gewöhnlich signalisierte die aufgezogene Fahne auch die Anwesenheit der Grafenfamilie. - Das sogenannte Mantelwappen, das purpur umhüllte Vollwappen des Erbacher Grafenhauses, ziert diejenige Fahne, die zu familiären Ereignissen und Anlässen gehißt wird. Die Schloßfront wurde übrigens 1900 neu gestaltet, 1974 kamen die ausgemalten Medaillons hinzu.

In der barock-geschweiften Giebelbekrönung der Fenstergruppe im ersten Stock über dem Balkon sind die vier Ovale nach dem Zweiten Weltkrieg zu dekorativen Medaillons umgestaltet worden. Eine farbliche Renovierung erfolgte 1974. Auf blauem, goldumrahmtem Hintergrund tragen diese die Versalien (große Anfangsbuchstaben) „F G E F". Die spiegelbildliche Hinzufügung des letzten Buchstabens „F" dieser Abbreviatur ist eine Reminiszenz an das barocke Stilempfinden, ebenso die Schnörkel, die in Schneckenform gedrehten Buchstabenenden. Damit wurde dem Symmetrieverständnis der Barockzeit voll und ganz Rechnung getragen. Die Anfangsbuchstaben sind nach einer Version die Abkürzungen von „Franz Graf (zu) Erbach - Franz". Der derzeitige Seniorchef des Hauses Erbach, Franz II. zu Erbach-Erbach und Wartenberg-Roth, ist der Initiator dieser Abbreviatur und der Neugestaltung der Medaillons.

Es gibt noch eine andere, mehr romantische Version, wie sie das Volk gerne liebt und auch von Bediensteten des Grafenhauses erzählt wird: Das erste F

Schloßfront zum Marktplatz mit den Medaillons.

steht für Franz I. (1754 - 1823), das G für Georg-Wilhelm (1686 - 1757), Vater von Franz I., das E für Eberhard (1818 - 1884), Enkel des Grafen Franz I. , und das spiegelbildlich dargestellte F für Franz II., den derzeitigen Seniorchef des Hauses Erbach. Diese Version wird auch von dem Grafenhaus selbst vertreten, und das muß es ja wissen. Es sind alles Grafen, die sich in besonderem Maße um das Ansehen des Hauses Erbach verdient gemacht und sich für die Erhaltung des Schloßbaues eingesetzt haben. Man könnte auch sagen, Franz, Georg und Eberhard sind die Leitnamen des Hauses Erbach. Man hört weiter sagen, daß sich, wenn es

Zunftschild der Elfenbeinschnitzer am Marktplatz.

Schmiedeeisernes Tor zum Lustgarten mit dem Erbacher Stadtwappen.

die Geschichte erweisen sollte, Graf Franz II. ebenso würdig zeigt wie seine Vorgänger, das F von seinen Nachfolgern herumgedreht und richtig geschrieben werde. Noch aber schaut mit dem zweiten F in der Abbreviatur der Seniorchef rückwärts – auf die Leistungen seiner Ahnen.

Beim Weiterwandern werfen wir noch einen Blick auf das schöne Zunftschild der Elfenbeinschnitzer, in dessen schmiedeeisernem Gefüge wir jeweils erneut zweimal das farbig angelegte Grafenwappen Erbach-Breuberg und das Wappen der Stadt Erbach erkennen.

Über eine schmale Brücke gelangt man an das rechte Ufer der Mümling. Links erblickt man breitgelagert die im Jahr 1722 errichtete Orangerie. Am schmiedeeisernen Eingangstor zum Lustgarten sieht man das Erbacher Stadtwappen, das sich malerisch in die Eisenkonstruktion einfügt.

Flußabwärts, am Ufer entlang, - wir bleiben weiter auf der rechten Mümlingseite - verfolgen wir die Wappenfront an der gegenüberliegenden Ufermauer. Es sind dies die Wappen der Grafen zu Erbach, der Stadt Erbach sowie die der beiden Erbacher Partnerstädte Pont-de-Beauvoisin (Savoye) und Pont-de-Beauvoisin (Isere), beide in Frankreich. Den Abschluß dieser repräsentativen Reihe macht das Wappen des Odenwaldkreises. Als erste Stadt im Odenwaldkreis vollzog die Kreisstadt Erbach den Schritt zur partnerschaftlichen Völkerverständigung mit dem westlichen Nachbarn durch die Verschwisterung mit den beiden französischen Schwesterstädtchen Pont-de-Beauvoisin.

Wir nähern uns der großen Mümlingbrücke am Rathaus und Büro der OREG (Odenwälder Regionalgesellschaft, Marktplatz 1), überqueren die Straße und bleiben auf der rechten Uferseite der Mümling. Am Anwesen Steibert (Hauptstraße 2) blicken wir über die Mümling hinweg auf die Rückseite des vom Flüßchen umspülten massiven Mauerwerks des Rathausgebäudes und erkennen dort nicht nur das farbig neu angemalte Allianzwappen, sondern auch die Mauerfuge des alten Wehrturms der einstigen Städtelummauerung mit dem ersten Burgsitz. Uns interessiert in diesem Zusammenhang in erster Linie der schmucke Wappenstein. Es handelt sich hierbei um das Wappen des Grafen Eberhard II. (1511 - 1564) und das seiner Ehefrau Margarethe Rhein- und Wildgräfin von Salm. Wir sind diesem Familienwappen bei unserer Schloßhofbesichtigung in ähnlicher Gestaltung

Wappenfront am Ufer der Mümling (von oben links):
Gräflich Erbachisches Wappen,
Wappen von Pont-de-Beauvoisin (Savoye),
Wappen der Stadt Erbach,
Wappen von Pont-de-Beauvoisin (Isere) und
Wappen des Odenwaldkreises.

Ehewappen am Alten Rathaus (Front zur Mümling); Wappen Erbach/Wild- und Rheingrafen zu Salm, 1545.

schon mehrfach begegnet. Der Hauptbau des Rathauses wurde von Graf Eberhard II. im Jahr 1545 errichtet, was auch in einem Schriftband über den beiden zueinandergekehrten Wappenschilden festgehalten ist. Graf Eberhard II. ist auch der Stifter des Wappens der Stadt Erbach im Jahr 1560.

Damit beenden wir den wappenkundlichen Städtelrundgang thematisch dort, wo wir den wappengeschichtlichen Rundweg in den Schloßhof angetreten haben: am Wappen der Stadt Erbach an der Vorderfront des alten Rathauses.

Der Vollständigkeit halber soll noch auf die Brunnenanlage in Verlängerung der Mümlingbrücke, Ecke Hauptstraße/Treppenweg, hingewiesen werden. Dort sind drei Wappenschilde aus Messing angebracht, dazu eine Informationstafel mit der Aufschrift: „*Gestiftet: Verkehrsverein Erbach, Modelle: Rudolf Schwinn.*" Der mittlere Schild zeigt das Wappen der Stadt Erbach im

Odenwaldkreis, das linke das Wappen von Erbach im Rheingau (linksgewendeter Löwe mit Flügeln) und rechts das Wappen von Erbach an der Donau (aufgerichteter, rechtsgewendeter Löwe).

Nun aber haben wir nach dieser geschichtsträchtigen Wegstrecke einen kräftigen Schluck verdient und genehmigen uns diesen im gegenüberliegenden Erbacher Brauhaus, das mit seinem lieblichen Fachwerk einladend zu uns herüberwinkt.

Erbacher Brauhaus; Zeichnung Gertraude Mohr.

8. Eindrucksvoll: EIN BISSCHEN WEITER HERUM

STADTPALAIS

Am Wappenerker des Stadtpalais in Erbach, Hauptstraße 42 (heute kath. öffentliche Bücherei St. Sophia), auch Palais Arthur genannt, sieht man drei Wappen des Hauses Erbach. Das repräsentative Gebäude hat Graf Arthur zu Erbach-Erbach und von Wartenberg-Roth (1849-1908) um die Jahrhundertwende in der heutigen Form errichten lassen. Der An- und Umbau zum Palais erfolgte 1878. Mit seiner imponierenden Giebelseite steht es zur Geschäftsstraße der Kreisstadt.

Wappenerker am Stadtpalais in Erbach.

Die Wappenschilde sind plastisch aus dem Buntsandstein herausgearbeitet und einheitlich mit roter Sandsteinfarbe gestrichen, also ohne Tinkturen angelegt. Nirgendwo sonst in Erbach zeigt sich dieser Dreiklang so ausdrucksstark wie hier. Der linke Wappenschild vom Betrachter aus zeigt die beiden (roten) Balken (auf Silber) der Herrschaft Breuberg, der mittlere Wappenschild das Sternenwappen (Erbacher Stammwappen: Rot und Silber geteilt, mit drei Sternen 2 : 1 verwechselter, unterschiedlicher Farbe), der rechte Wappenschild steht für die Grafschaft Wartenberg-Roth: (roter) Balken, begleitet von drei (roten) Kugeln (2 : 1, auf silbernem Grund). Die beiden äußeren Wappenschilde sind gelehnt, dem Mutterschild zugekehrt. Über den Titel *„von Wartenberg-Roth"* wurde an anderer Stelle ausführlich geschrieben. Auch über einem kleinen Seitenportal mit Treppengiebel im Hof dieses Anwesens entdeckt man das Sternenwappen der Grafen zu Erbach in einfacher, aber eindrucksvoller Buntsandstein-Ausführung.

Graf Arthur zu Erbach-Erbach und von Wartenberg-Roth wurde 1849 im Jagdschloß Eulbach geboren. Er studierte in Heidelberg Rechts- und

Gräfliches Wappen am Seitenportal zum Hof vom Stadtpalais.

Staatswissenschaften und in Hannoversch-Münden Forstwissenschaft. Auf einer Reise nach Rom 1899 entstanden seine Pläne zur baulichen Umgestaltung des Erbacher Schlosses. *„Die heutige Gestalt des Erbacher Schlosses ist im wesentlichen dem Plan des Grafen Arthur zu verdanken“* (Müller 1955), ebenso Marstall und Schloßwache. Für seinen Bruder, Graf Georg Albrecht IV., hatte er 32 Jahre lang die Verwaltung seines Hauses übernommen. Er starb 1908 und wurde in der Familiengruft in der Michelstädter Stadtkirche beigesetzt. Sein Sohn, Graf Konrad (1881 - 1940), wurde Nachfolger und Inhaber der Standesherrschaft. Er ist der Onkel des jetzigen Seniors des Hauses Erbach-Erbach, Graf Franz II.

Friedhof

Auf dem Erbacher Friedhof liegen einige Angehörige des Erbacher Grafenhauses. Es sind vorwiegend diejenigen Grafensöhne, die sich nicht standesgemäß verheiratet haben, unter anderem Graf Ernst Franz zu Erbach-Erbach und von Wartenberg-Roth (1845 - 1889). Er gilt als der sachkundigste Chronist seines Hauses bis heute. Er verlobte sich 1871 mit Marie Auguste Kredell, Tochter des Posthalters Kredell in Erbach. Der Großherzog von Hessen und bei Rhein hatte ihr den Namen *„Frau von Wildenstein“* verliehen. Das Paar wohnte im Palais in der Erbacher Vorstadt, Hauptstraße 43 , einem Gebäude mit repräsentativer klassizistischer Säulenfront. Das Palais Wildenstein wurde um 1828 von Silvester Stockh gebaut und gehörte

Grabplatte mit Wappen für das Ehepaar Graf Ernst Franz zu Erbach-Erbach und Marie Kredell, Frau von Wildenstein auf dem Erbacher Friedhof.

Grabplatte des Grafen Kraft zu Erbach-Fürstenau auf dem Waldfriedhof in Ober-Sensbach.

ihm bis zu seinem Tod. Heute besitzt es eine Erbengemeinschaft. Beide Ehegatten liegen im Wildenstei-nischen Familiengrab in Erbach begraben. Die Grabplatte des Grafen Ernst ziert ein Vollwappen in Bronze wie die ersten dieser Art, die uns aus der Geschichte des Hauses Erbach bekannt sind. Der Schild mit dem Sternenwappen ist gelehnt, auf dem erhöhten Obereck ruht ein im Profil dargestellter Stechhelm mit Helmdecke und offenen Büffelhörnern. Ähnliche Wappenformen kann man auch auf dem Friedhof in Ober-Sensbach beobachten, der Begräbnisstätte für Angehörige der Linie Erbach-Fürstenau.

Grabdenkmal mit Wappen für das Ehepaar Graf Franz Eberhard XVI. zu Erbach-Erbach und Anna Kittner, Frau von Curl auf dem Erbacher Friedhof.

Auf dem Erbacher Friedhof beigesetzt wurde auch Graf Franz Eberhard XVI. Alexander zu Erbach-Erbach und von Wartenberg-Roth (1847 - 1901) und dessen Ehefrau. Er heiratete 1875 Anna Kittner aus Amorbach. Der Großherzog von Hessen hat sie geadelt und ihr den Namen *„Frau von Curl"* gegeben. Graf Eberhard XVI. war Leutnant und kämpfte in Schlesien (1864) und Königgrätz (1866) und widmete sich danach ganz der Wissenschaft. Er sammelte reiche Lebenserfahrung als Weltreisender. Seine Autobiographie wurde 1958 veröffentlicht. Auf dem Friedhof liegt auch Gräfin Emilie zu Erbach-Erbach und von Wartenberg-Roth (1852 - 1919) begraben.

Einige Anmerkungen zum Erbacher Friedhof sind hier angebracht. Im engen Städtel war um die Kapelle und der späteren Stadtkirche kein Platz für die Anlage eines Kirchhofes, um die Toten zu begraben. Deshalb wich man zunächst auf den Talgrund zwischen Erbach und Roßbach aus, dort, wo die St.-Jakobs-Kapelle stand und heute „*Brudergrund*" heißt. 1498 wurde der Friedhof im Brudergrund geweiht. Dieser Begräbnisplatz wurde jedoch mit der Zeit zu klein. Deshalb ließ Graf Georg II. 1590 auf der Anhöhe zwischen Erbach und Dorf-Erbach einen neuen, den jetzigen Friedhof anlegen. Die dortige Friedhofskapelle wurde 1596 gebaut. Erbach gehörte übrigens bis 1497 als Filiale zur Kirche in Michelstadt. Dann erfolgte die Trennung, und Erbach wurde selbständige Kirchengemeinde. Bis dahin waren die Erbacher Toten auf dem Michelstädter Friedhof beigesetzt worden.

Sophienhöhe

Auch am Tempel auf der Sophienhöhe über Erbach sieht man das Sternenwappen des Erbacher Grafenhauses. Es ist ein tingierter gelehnter Schild mit einem auf dem erhöhten Obereck frontal ausgerichteten Stechhelm,

Gräfin Sophie zu Erbach-Erbach (1796 - 1845).

Wappen am Tempel auf der Sophienhöhe über Erbach.

Der Tempel auf der Sophienhöhe, erbaut 1844.

Helmdecke und geschlossenen Büffelhörnern, die ebenfalls in den gräflichen Farben, Rot-Silber geteilt, dargestellt sind. 1844 wurde dieser nach Gräfin Sophie zu Erbach-Erbach und von Wartenberg-Roth (1796 - 1845) genannte Tempel eingeweiht. Gräfin Sophie war die Gemahlin des Grafen Karl zu Erbach-Erbach (1782 - 1832). Ihr soziales Engagement konzentrierte sie ganz auf die Betreuung ihrer Mitbürger in den ärmeren Schichten. Auf der Sophienhöhe hatte sie ihren Lieblingsplatz gefunden. Diese Höhe erreicht man vom Marktplatz aus in 25 Minuten über die Sophienstraße jenseits der Bahnunterführung. *„Am Waldrand, den beiden uralten Buchen gegenüber, führt halbrechts ein Fußweg in wenigen Minuten zu dem in klassischem Stil gehaltenen Aussichtstempel. Vor demselben eröffnet sich uns ein herrlicher Blick in das liebliche Tal“* (Morneweg 1924). Man kann über Erbach hinweg bis nach Michelstadt sehen. Unweit des Tempels steht die Sophieneiche.

Das Erbacher Vollwappen befindet sich im oberen Teil des vom Giebeldreieck gebildeten Giebelfeldes. Errichtet wurde der Aussichts- und Ruhetempel vom Sophienhöhenverein zu Ehren der in Erbach beliebten Gräfin gleichen Namens. Gräfin Sophie war eine Wohltäterin für arme und kranke Mitbürger. Sie war Vorsitzende des Erbacher Frauenvereins und 45 Jahre lang ununterbrochen Protektorin der Erbacher Strickschule. Sie dachte auch sonst stets nur an das Wohl ihrer Mitmenschen. *„Ihr Leben der Liebe und Barmherzigkeit hinterließ reiche Segensspuren“* (Müller 1955). Im Jahr 1985 wurde der Sophientempel grundlegend renoviert.

Rossbacher Hof

Der *„Roßbacher Hof“* in Erbach-Roßbach war wie einst der *„Hohenloher Hof“* (Erbach-Fürstenau) in Michelstadt-Rehbach oder der Hof in Erbach-Haisterbach Domäne (Wirtschaftshof, land- und forstwirtschaftlich genutzter Grundbesitz von Adel und Staat) der Grafen zu Erbach. Heute wird der *„Roßbacher Hof“* privat bewirtschaftet. An die Grafen zu Erbach-Erbach erinnert noch ein Scheitelstein eines Rundbogenportals mit dem Erbach-Breuberger Wappen. Er befand sich bis vor kurzem in einer jetzt abgerissenen Scheuer zusammen mit einer über dem Wappenstein befindlich gewesenen Inschrifttafel mit folgendem Text:

Wappenstein im Roßbacher Hof (1863).

„GEORG WILHELM GRAF ZU ERBACH UND HERR ZU BREUBERG ANNO MDCCLII" (1752). An der Außenwand eines Pferdestalls gegenüber befindet sich eine zweite Inschrifttafel mit folgendem Wortlaut: „ERBAUT VON GRAF EBERHARD 1863".

Die Wappentafel an der ehemaligen Scheuer ist in die Wand des Nachfolgerbaus eingelassen, der Wappenstein hingegen wird separat aufbewahrt und dient als Podest für einen Blumenkübel.

Graf Georg Wilhelm zu Erbach-Erbach (1686 - 1757) ist jener baufreudige Regent, der nicht nur das jetzige Schloß in Erbach erbaute (1736), sondern auch die Erbacher Stadtkirche, die 1750 vollendet und eingeweiht wurde. Auch die Gestaltung des jetzigen Städtelbrunnens vor der Kirche geht auf seine Initiative zurück (1743 - 1754).

Graf Franz Eberhard XV. zu Erbach-Erbach und von Wartenberg-Roth, Herr zu Breuberg, Wildenstein, Steinbach, Curl und Ostermannshofen (1818 - 1884) war Senior des Gräflich Erbachischen Gesamthauses. 1839 trat er die Regierung in den Grafschaften Erbach-Erbach und Wartenberg-Roth an. Er verkaufte letztere jedoch 1845, erwarb sie aber wieder neun Jahre später.

Graf Eberhard XV. hat die Sammlungen im Erbacher Schloß katalogisiert und die Hirschgalerie so eingerichtet, wie sie sich heute noch darstellt. Sein Herz hing auch am Eulbacher Park. Dort steht sein Denkmal aus Bronze in Lebensgröße. Es zeigt ihn als Jäger, der zur Jagd ausgerüstet ist. Graf Georg Albrecht IV. (1844 - 1915) hat es für seinen Vater von dem

Künstler Otto Glenz gestalten und errichten lassen. Graf Eberhard XV. liebte den Reitsport und die Hochwildjagd. Er schrieb zahlreiche bemerkenswerte Abhandlungen für bedeutende europäische Jagdzeitschriften.

Lärmfeuer

Auf dem Gipfel des 502 Meter hohen Lärmfeuers in der Gemarkung Mossautal-Ober-Mossau steht unweit der Ihrig-Schutzhütte ein Gedenkstein aus Buntsandstein mit einem halbrunden Abschluß, dem Sternenwappen des Grafenhauses. Darüber erhebt sich die Grafenkrone. Das ovale Sternenwappen ist eingerahmt durch ein Schriftband mit der Devise des Erbacher Grafenhauses: OMNIA CUM DEO ET NIHIL SINE EO (Alles mit Gott und nichts ohne ihn). Darunter steht *„23. Dezembr. 1883“* und *„gstr. + 10.2.20“*. Das sind die Lebensdaten von Erbgraf Franz Erasmus zu Erbach-Erbach und Wartenberg-Roth. Er war einziges Kind des Erbgrafen Georg-Albrecht zu Erbach-Erbach (1844 - 1915) und seiner Gemahlin, der Erbgräfin Erika Juliane Prinzessin zu Stolberg-Stolberg (1856 - 1928). Graf Erasmus' Biographie ist kurz, er wurde nur 37 Jahre alt. Spektakulär war sein Leben auch, zumindest für die damalige Zeit. Er heiratete in Schottland eine Erbacher Bürgerstochter und schloß damit eine in Deutschland rechtsun-

Erasmus-Stein auf dem Lärmfeuer, gesetzt 1920.

gültige Ehe. Deshalb wurde er entmündigt. Er starb an einer Lungenentzündung an seinem Wohnort in Frankfurt am Main. Seine Mutter, Gräfin Erika, überlebte ihn um acht Jahre und setzte ihm den Gedenkstein auf dem Lärmfeuer. Autor Ernst von Wolzogen hat in dem Roman *„Wenn die alten Türme stürzen“* (Berlin 1925, Nachdruck Michelstadt 1996) die Person des Erasmus und seine Zeitumstände dichterisch verarbeitet.

Unterhalb des Lärmfeuers, in der *„Schmuckers Hohl“*, steht der sogenannte *„Erika-Stein“*. Er wurde gesetzt von Gräfin Erika zu Erbach-Erbach, der Mutter des Erbgrafen Erasmus. Auf der in den Granitfindling eingelassenen Bronzeplatte steht folgender Text: *„Hier verstarb plötzlich auf der Auerhahnjagd mein lieber Mann Georg Albrecht Graf zu Erbach-Erbach - Erika“*. Vom Herzschlag getroffen, verstarb er im Sattel seines Pferdes. Es geschah dies hinter Ober-Mossau auf dem Weg zum Lärmfeuer auf der Auerhahnjagd. Der Odenwalddichter Karl Schäfer beklagt den Tod dieses Grafen im letzten Vers seines Gedichtes wie folgt: *„In des Frühlings hellen Jubel tönt der Trauer dumpfe Klage, denn ein Edler ist gekommen an den Markstein dieser Tage; von den Türmen in der Runde wehen die umflorten Fahnen, großer Graf im Odenwalde, ruhe sanft bei deinen Ahnen!“*

Holzgeschnitzte Hinweistafel im Wildpark Brudergrund.

Brudergrund

Auf der Rückkehr vom Lärmfeuer und Roßbacher Hof kommen wir am Wildgehege des sogenannten Brudergrundes vorbei. Am Eingang zum Gehege steht eine holzgeschnitzte farbig angelegte Tafel mit einem röhrenden Hirschen, darunter die Wappenschilde der Stadt Erbach und der Grafen zu Erbach: Gespaltener

Schild, vorne die drei Sterne für Erbach, hinten die drei Kugeln mit Querbalken der Grafen zu Wartenberg-Roth.

Eulbach

Wer Eulbach hört, denkt in erster Linie an den dortigen gleichnamigen Park, an den Englischen Garten auf dieser Hochfläche. Eulbach ist aber viel älter. Das ehemalige Dorf ist im Dreißigjährigen Krieg wüst gefallen. An Stelle des Dorfes ist ein Hofgut getreten, aus dem 1799 der jetzige herrschaftliche Park entstanden ist. 1770 wurde ein Jägerhaus errichtet, das 1802 für den Sommeraufenthalt der gräflichen Familie vergrößert wurde. Hinter dem Jagdschlößchen entstand das gräfliche Forsthaus mit Wirtschaftsgebäude und Gastwirtschaft. Das Jagdschloß wurde 1771 erbaut und in den Jahren 1790 und 1843 erweitert. Sein jetziges Aussehen und seine schmuckhafte Auszierung der Außenseite mit zahlreichen Hirschgeweihen erhielt das Jagdschloß allerdings erst durch Graf Eberhard XV. (1818 - 1884), jenen großen Jäger, den wir bereits erwähnt haben. Im Jahr 1921 ist der repräsentative Bau, vorwiegend im Innern, umfassend renoviert und zum Wohnsitz des Grafen Alexander zu Erbach-Erbach (1891 - 1952) eingerichtet worden. Heute wohnt hier der Senior des Hauses Erbach-Erbach, Graf Franz II., mit seiner Familie. Zuvor war es nur in den Sommermonaten von der gräflichen Familie bewohnt.

Über dem Portal der zur Straße gekehrten trophäengeschmückten Hausfront sieht man das gräfliche Wappen zwischen einem Hirschgeweih: Barocker Schild mit dem Wappenbild Erbach-Breuberg, darüber die Grafenkrone. Auch an der Toreinfahrt im rückwärtigen Bereich des Jagdschlosses ist zweimal das Grafenwappen angebracht, diesmal das einfache Sternenwappen zwischen stilisiertem Hirschgeweih; über dem Schild ruht die Grafenkrone.

Erbach-Breubergisches Wappen am Jagdschloß Eulbach.

Das Jagdschloß Eulbach liegt an einer ausgedehnten Wiesenfläche inmitten eines großen Wildparks, der heute von der Bundesstraße 47 durchschnitten wird. Graf Franz I. zu Erbach-Erbach (1754 - 1823) hat es ganz bewußt genau an dieser Stelle anlegen lassen, da in unmittelbarer Nähe von Regierungsrat und Geheimem Staatsrat Johann Friedrich Knapp (1776 - 1848) das dort schon lange vermutete römische Kastell Eulbach durch einen Zufall entdeckt wurde. Teile davon sind im Eulbacher Park - allerdings nicht originalgetreu - wieder aufgebaut.

Im Jahr 1802 wurde mit der Anlage des Eulbacher Parks im Sinne eines *„Englischen Gartens“* durch den Hofgartenbaudirektor Friedrich Ludwig von Sckell im Auftrag des Grafen Franz I. zu Erbach-Erbach begonnen. 1807 war das gelungene Werk vollendet. Auf unserer wappenkundlichen Rundreise zieht zunächst ein achteckiger Pavillon im Eingangsbereich des Parkes mit dem schattigen Laubengang unsere Aufmerksamkeit auf sich.

Torschmuck am Jagdschloß Eulbach.

Es ist die von Graf Franz I. angeregte naturgetreue Nachbildung des Venustempels von Bajä in Unteritalien. Dieser Pavillon war das sommerliche Eßzimmer der Grafenfamilie. An der weiß verschindelten Fassade prangt das Erbach-Breubergische Wappen, über dem barocken Schild mit Rollwerk die Grafenkrone. Die zweiflügligen grün gestrichenen Fensterläden sind durch jeweils drei aus dem Holz herausgeschnittene Grafensterne verziert. Diese dekorative Gestaltung sieht man auch noch an Fensterläden der gräflichen Forsthäuser, so zum Beispiel am inzwischen in Privathand übergegangenen Forsthaus Reichenberg in Ober-Mossau.

Im Jahr 1818 wurde im Englischen Garten der Parkteich ausgehoben und der Erdaushub zu einem stattlichen Hügel getürmt. Darauf wurde einige Jahre später die Eberhardsburg errichtet. Den Namen wählte Graf Franz nach seinem Enkel, Graf Franz Eberhard XV. zu Erbach-Erbach (1818 - 1884). Das Torgewände der künstlichen Ruine ist angeblich mit Inschriften aus Wolfram von Eschenbachs *„Parzival"* versehen; es stammt von der Wildenburg bei Amorbach, andere Bildhauerarbeiten und Wappen aus Michelstadt, vom Reichenberg und der Leonhardskapelle bei Beerfelden. Links neben dem Eingangstor mit Spitzbogenschluß, der von Halbsäulen flankiert ist, wurde das Wappen des Erzbischofs und Kurfürsten von Mainz, Dietrich Schenk von Erbach, der dieses hohe Amt von 1435 bis 1459 innehatte, eingemauert. Das Wappen trägt die Jahreszahl 1476. Der nach heraldisch rechts gelehnte Schild ist plastisch aus einem rechteckigen Buntsandsteinrahmen herausgearbeitet und zeigt in den Feldern I und IV das Mainzer Rad und in den Feldern II und III die drei Erbacher Sterne.

Weiter im Burginneren stoßen wir auf das Bickenbachische Wappen, den in zwei Reihen schräg geweckten Schild. Diese Bauurkunde aus Buntsandstein ist als Keilstein in einem gotischen Spitzbogengewände eines Portals eingelassen.

Beim weiteren Rundgang durch die Kunstruine entdeckt man einen Wappenstein mit dem Erbacher Vollwappen, wohl aus dem 15. Jahrhundert. Der Schild mit den drei Sternen ist nach altem Vorbild heraldisch rechts gelehnt, mit einem auf dem erhöhten Obe-

Wappen des Schenken Dietrich von Erbach, Erzbischof von Mainz, 1476.

Das Wappen der Herren von Bickenbach; Scheitelstein im Portalgewände an der Eberhardsburg im Eulbacher Park/Englischer Garten.

reck frontal dargestellten ruhenden Stechhelm, Helmdecke und offenen Büffelhörnern, das heraldisch rechte zu zweidrittel fehlend. Unter diesem Wappenstein ist eine ebenfalls aus rotem Buntsandstein gearbeitete Inschrifttafel in das Mauerwerk eingelassen, die folgende Schriftzüge in gotischen Minuskeln trägt:

„Anno . d$\overline{m}$. M.
V^C . VIII . schenck .
her . zu erpach".

Die Jahreszahl in römischen Ziffern heißt 1508. V^C steht für D = 500.

Vielleicht handelt es sich hierbei um den Schenken Eberhard XIII. (1470 - 1539). - Auf der gegenüberliegenden Seite der Eberhardsburg kann man einen weiteren Wappenstein mit den Erbacher Sternen erkennen. Die steinerne Bauurkunde dürfte wohl ein zweckentfremdeter, weil sekundär vermauerter Schluß- oder Scheitelstein eines Portalgewändes sein.

Auf unserem Rundgang entdecken wir auf verschiedenen Grenzsteinen unterschiedlichen Alters das Sternenwappen und das Balkenwappen der Herren von Erbach beziehungsweise Breuberg. Interessant ist hierbei ein

Einer der ältesten Wappensteine: Erbacher Vollwappen (1508) an der Eberhardsburg.

Grenzstein, der nicht wie sonst im Schild die Sterne im Verhältnis 2 : 1 zeigt, sondern im Verhältnis 1 : 2. Diese Anordnung erinnert an das Wappen von Eschau im Spessart, das früher ebenfalls zur Grafschaft Erbach gehört hat, damit aber nicht im Zusammenhang steht.

Ein weiterer Grenzstein mit dem Sternenwappen ist in der Außenwand des Wirtschaftsgebäudes vom Forsthaus eingemauert. Darunter findet sich eine moderne Bauurkunde, in welche die Jahreszahl 1973 eingemeißelt ist. Über dem Eingang zur Gaststube des ehemaligen Forsthauses ist das Erbach-Wartenberg-Rothsche Wappen angebracht, wie es auch sonst an den gräflichen Forsthäusern oder an der Schloßwache in Erbach zu sehen ist.

Lebhaft flattert am Eingang zum Eulbacher Park eine Fahne im Wind. Sie begrüßt und verabschiedet freundlich die Besucher des Englischen Gartens. Geschmückt ist sie mit dem bunten Sternenwappen und der Grafenkrone. „*Englischer Garten - Seit 1807*" ist auf dem weißen Fahnentuch zu lesen und weist damit auf die Entstehungszeit dieser sehenswerten Anlage hin. Gleichzeitig erinnert sie aber auch an die freundliche und liebenswürdige Geste des Gründers dieses natur- und kulturhistorisch gleichermaßen bemerkenswerten Gartens, an den Grafen Franz I. zu Erbach-Erbach, der zu seiner Lebenszeit versicherte: „*Frei und ungehindert steht der Eulbacher Garten jedem zum Genusse offen*". Das ist inzwischen längst anders geworden, denn heute muß der Besucher Eintritt bezahlen. Natur- und Kulturerlebnis gibt es auch hier nicht mehr umsonst.

Seltener Grenzstein im Eulbacher Park; die Sterne sind 1 : 2 angeordnet.

Grenzstein mit Erbacher Sternenwappen; Anordnung der Sterne 2 : 1.

Grenzstein mit Breuberger Wappenschild.

9. Himmlisch
DREI STERNE IM WAPPEN

„*Je einfacher das Wappen, desto älter das Geschlecht*", lautet eine wappenkundliche und geschichtliche Erfahrung. Das Wappen der Schenken und Grafen von Erbach kann als ein solch einfaches wie altes Wappen angesehen werden. Die Wappenbeschreibung des Stammwappens lautet: „*Im rot-silbern geteilten Schild drei (2 : 1) Sterne in gewechselten Farben*". Die Blasonierung (Wappenbeschreibung) ist uns durch erhaltene Siegel der Schenken aus dem Hohen Mittelalter möglich. Das älteste noch vorhandene Siegel ist das von Schenk Konrad I. (1251 - 1290) aus dem Jahr 1255. Es zeigt einen achtstrahligen Stern. Es folgen Siegel aus 1327 und 1339, worauf die Sterne nur noch sechsstrahlig dargestellt sind. Das zuletzt genannte Siegel zeigt die Erbachischen Büffelhörner/Stierhörner noch in natürlicher Gestalt. Sie waren laut überlieferter Tinktur von Rot und Silber durch eine aufsteigende Spitze quergeteilt. „*Das Bild des Stammwappens ist bis zum heutigen Tag nicht verändert worden, die Sterne werden später jedoch sechsstrahlig gezeichnet*" (Wolfert 1972).

Die Herkunft des Sternenwappens der Herren von Erbach liegt in den Sternen oder ganz im Dunkeln. Daniel Schneider hat sich in seiner „*Historie*" der Schenken und Grafen zu Erbach und ihrer Grafschaft (Frankfurt 1736) schon Gedanken gemacht: „*Denen Herren von und zu Erpach haben*

Sterne zur Zierung ihrer Schilde insgemein beliebe, die auch sonst disfalls gar sehr gebräuchlich sind, wie dann unter denen Schilden auf Trajani Ehren-Säule, einer mit Sternen bemercket gefunden wird beym Montfaucon in seinen Kupfern. Die Sittliche Bedeutung derer Sterne hat sie in denen Wappen-Zierungen beliebt gemacht, sintemal unter und mit denen Sternen, die Ordnung, die Wachsamkeit, gutes Beyspiel und herrliches Ansehen vorgestellet zu werden pfleget". Umständlich aber trefflich!

In einer Michelstadt betreffenden Urkunde aus dem Jahr 1135 werden drei adlige Damen genannt, Gerburg, Berta und Druitlint, die in irgendeiner Heiratsverbindung mit Angehörigen des Hauses Erbach stehen, vermutet Wolfram Becher (1974). Der Michelstädter Stadtarchivar Philipp Buxbaum hatte einmal Becher gegenüber geäußert, daß vielleicht jene drei Damen der Urkunde von 1135 die drei „*Glückssterne*" gewesen und als solche in das Wappen der Schenken von Erbach übergegangen sind.

Der Stern ist eine beliebte Figur und wird gerne als Zeichen und Symbol verwendet, auch oder gerade in Wappen.

Der Stern ist das am meisten verbreitete Zeichen und Symbol in der Geschichte aller Kulturen. In mannigfaltiger stilisierter Form wird der Stern zur Abwehr und zum Schutz eingesetzt. Der Stern ist Heils- und Abwehrzeichen, Wunsch- und Fruchtbarkeitszeichen zugleich. Er reiht sich damit in den allgemeinen Sinn der Ornamente ein. Ethologen (Verhaltenskundler) zählen den Stern zur Gruppe der Lichtsinnbilder und leiten ihn und alle seine verwandten Formen und Variationen vom Auge ab. Dieses wurde nicht immer naturalistisch dargestellt. Spielerisch wurde es vielmehr abgewandelt zum reinen Kreis (Ring), zu konzentrischen Ringen, zur Spirale, zum Stern, zur Blüte und zur Ranke. Sie alle sind Sonnenzeichen. Sie dienen als Symbolformen nicht nur der Verzierung, sondern um die übernatürlichen (magischen) Kräfte zu nutzen, die sie ausstrahlen. Heilszeichen lassen übernatürliche Kräfte spüren. Erst später wurden sie als bloße Zierart verwendet und verkannt.

Schon in ur- und frühgeschichtlicher Zeit ist der Stern Symbol für Gott, der Himmelsreligion, für Himmel schlechthin. Auch der Davidstern und der „*Zoigl*" der Bierbrauer gehört in diesen Formen- und Verwandtschaftskreis. Abwandlungen des Auges sind Sonnenscheibe, Sonnenrad, Sonnenrose, Rad, Wirbel, (Wirbel-) Rosette, Palmette, Schnecke, Muschel, Spirale, Herz, Miribota und Kreuz, Hakenkreuz beziehungsweise die *„Swastika“*. In diesen Formen werden die althergebrachten und oft inhaltlich verkannten Zeichen und Symbole als bloßer Zierat in der Kunst - zweckentfremdet - verwendet. Alle diese geometrischen Ornamente, oft zum reinen Dekor herabgestuft, sind aus dem Kreis, der Sonnenscheibe als Sinnbild der Sonne, des Wachstums, der Fruchtbarkeit und des männlichen Prinzips entstanden, was auch Volkskundler bestätigen. Auch Rad- und Drehkreuz sowie Drehstern sind weiterentwickelte Formen. Schließlich ist auch das Andreaskreuz und der Rhombus ein uraltes Sonnenzeichen. Sehr eng verwandt sind auch der Sechsstern (sechsstrahliger Stern) und das sechsspeichige Rad. Der Vierstern wird als Zeichen der ewigen Wiederkehr angesprochen; er steht für die Unendlichkeit. Der Fünfstern, das Pentagramm, gilt als das allein heute noch übrig gebliebene und als ein solches erkennbare Abwehrzeichen. Der Wirbelstern, auch Drehkreuz oder Wirbelrad genannt, ist schließlich Symbol des Mondes und der Weiblichkeit. All diese Lichtsinnbilder sind figürliche Umbildungen einer einzigen ursprünglichen Form und Variationen und Interpretationen ein und desselben Themas.

In moderner Zeit hat der Stern als Symbol der Freiheit eine zusätzliche Funktion erfahren (Freiheitsstern, Unabhängigkeitsstern). In der Heraldik ist der Stern ein beliebtes Zeichen und wird neben Löwe und Adler mit am häufigsten gebraucht.

Eine erste Wappenvermehrung erfolgte mit Schenk Erasmus von Erbach (1466 - 1503). Durch Erbschaft und Ankauf brachte er große Teile Bickenbachs unter seine Herrschaft. Er führte neben dem Sternenwappen auch das Bickenbachische Wappen, den rot und weißen, schräg geweckten oder gerauteten Schild *(„in Rot 2 Reihen silberner Rauten“)*. In Kombination mit dem Erbacher Stammwappen existieren zwei Formen:

1. quadrierter Schild, Feld I und IV zwei aus Rauten gebildete Schrägbalken (rechts-links verlaufend), Felder II und III Erbacher Stammwappen (drei Sterne). Dieses Wappen sieht man am Uhrenerker des Bergfrieds.
2. quadrierter Schild, Feld I Bickenbacher gerauteter Schrägbalken (rechts-links), Feld II und III Erbacher Sternenwappen, Feld IV zwei horizontale Querbalken (Breuberg). Dieses Wappen findet sich in einem Gewölbeschluß-

Gewölbeschlußstein mit Wappen Erbach-Bickenbach-Breuberg im Dom zu Würzburg.

stein des Kreuzganges im Würzburger Dom. Die Umschrift in gotischen Minuskeln gibt Auskunft: „canonicus diether schenk dus (dominus) de erpach". Es handelt sich hier wohl um Dieter von Erbach, von dem Simon (1858) angibt, er sei Domherr und Erzpriester zu Mainz und Aschaffenburg gewesen. Gestorben ist er 1437. Von seiner Funktion als Kanonikus in Würzburg weiß Simon offensichtlich nichts, auch nichts von diesem Wappen. Dieter von Erbach ist ein Bruder von Dietrich, Erzbischof und Kurfürst von Mainz (1435 - 1459). Die Eltern sind Eberhard X. und Marie von Bickenbach.

Eberhard XIII. (1476 - 1539) trat in die Nachfolge seines Vetters Erasmus ein und führte ebenfalls eine zeitlang neben dem Erbachischen auch das Bickenbachische Wappen wie Erasmus. Nach dem Verlust der Burg Bickenbach (*„Alsbacher Schloß"*) in der Hessisch-Bayerischen Fehde legte er den Titel Bickenbach und das Wappen (Bickenbachsche Wecke) wieder ab.

Als 1556 die Grafen von Wertheim im Mannesstamm ausstarben, erbten die Grafen zu Erbach die Hälfte am Besitz der Herrschaft Breuberg. Erbach führte von diesem Jahr an zusätzlich zum Stammwappen zwei rote horizontale Querbalken oder Querbinden in Silber (Weiß) *„wegen der Herrschaft Breuberg, wie die alten Breuberger selbst"* (Simon 1858). Die Wappenbeschreibung lautet:

Ein gevierter Schild. Feld I und IV ist von Rot und Silber geteilt, oben zwei, unten ein Stern in verwechselten Farben (Erbach); Feld II und III hat in Silber zwei rote Balken, Binden oder Straßen (Breuberg). Dieses kombinierte Sternen-/Balkenwappen wird von allen Linien über Jahrhunderte beibehalten.

Das Balkenwappen der Breuberger wird auf ein Büdinger Erbe zurückgeführt. Die Herren von Büdingen führten zwei schwarze Balken in Silber.

Eine Wappenbesserung wurde im Jahr 1755 per kaiserlichem Diplom erreicht. Antragsteller war Graf Georg Wilhelm (1686 - 1757), der Erbauer des heutigen Schlosses in Erbach (1736). Die Wappenbeschreibung lautet: *„Gevierter Schild von Erbach und Breuberg, mit goldenem Herzschild, darin der von Kaiserkrone überhöhte, goldbescheinte schwarze Reichsadler, mit goldnem Brustbild, darin die Initiale Kaiser Franz I. (F.I.) Zepter, Schwert und Reichsapfel. Auf dem Schilde drei gekrönte Helme mit rotsilbernen (der mittlere mit schwarzgoldenen) Decken, von denen der rechte Büffelhörner und Fahnen, der linke ein mit zwei roten Balken bezeichnetes silbernes Schirmbrett (wegen Breuberg ?) der mittlere den Reichsadler des Herzschildes trägt“.*

Eine neue Wappenvermehrung trat 1804 ein. Damals trat Graf Ludwig von Wartenberg-Roth seine Besitzungen an die Stiefsöhne seiner Schwester, der Gräfin Charlotte zu Erbach-Erbach, an die Grafen Karl (1782 - 1832) und Friedrich (1785 - 1854) zu Erbach-Erbach ab. Seit dieser Zeit war die Grafschaft Wartenberg-Roth (zwischen Ulm und Bodensee) Eigentum des gräflichen Hauses Erbach-Erbach. Die Grafen Karl und Friedrich waren Söhne des Grafen Franz I. Dieser war in zweiter Ehe mit Charlotte Louise geborene von Wartenberg, einer verwitweten Gräfin von Erbach-Fürstenau, verheiratet.

Die Grafen zu Erbach-Erbach führten seit dieser Zeit Titel und Wappen eines Grafen von Wartenberg-Roth (früher Wartemberg), Herrn zu Curl (Curt oder Coort) und Ostermannshofen. Letzteres sind Wartenbergische Besitzungen in der Grafschaft Mark und im Clevischen, die bei der Erhebung des Hauses Wartenberg in den Reichsgrafenstand noch nicht zu diesem gehörten (und bald wieder verloren gingen). Als die Grafschaft Wartenberg-Roth 1845 verkauft war, nahm die Linie Erbach-Erbach wieder den alleinigen Namen Erbach-Erbach an. Eigenbesitz besaßen die Grafen dort zunächst auch weiterhin.

Der Wappenschild der Grafen Kolbe von Wartenberg ist ein in silbernem Feld roter Querbalken, der von drei roten Kugeln, oben zwei unten eine, begleitet ist (Stammwappen).

Franz Eberhard XV., Graf zu Erbach-Erbach (1818 - 1884) nannte sich noch „*Seine Erlaucht Graf Franz Eberhard zu Erbach-Erbach und von Wartenberg-Roth, Herr zu Breuberg, Wildenstein, Steinbach, Curl und Ostermannshofen*“, desgleichen noch die Grafen Eberhard XVI. (1847 - 1910), Eberhard XVII. (1886-1917), desgleichen Georg Albrecht (1844 - 1915). Die Grafen Ernst (1845 - 1889), Arthur (1849 - 1908), Konrad (1881 - 1940), Erasmus (1883 - 1920), Alexander (1891 - 1952), Eberhard XVIII. (1922 - 1943) und dessen Bruder Franz II. (geb. 1925) trugen nur noch den Namen Graf zu Erbach-Erbach und von Wartenberg-Roth. Letztgenannter Titel wurde nach dem Verkauf von Roth im Jahr 1989 fallen gelassen. Andererseits liest man auch noch die volle Titulatur für den derzeitigen Senior des Gesamthauses, wie sie seinerzeit von Graf Eberhard XV. benutzt wurde.

Zu klären sind noch die Bezeichnungen „*Herr zu Breuberg, Wildenstein und Steinbach*“. 1556 kam das Haus Erbach in den Besitz der halben Herrschaft Breuberg, seit 1747 ging er an die Linie von Erbach-Schönberg über. Alle Angehörigen des Hauses Erbach nannten sich deshalb Herr/Herrin zu Breuberg. 1937 und 1940 wurde der letzte Besitz (das Schloß in Bad König und Burg Breuberg) an der ehemaligen Herrschaft Breuberg an die Gemeinde Bad König und das Land Hessen verkauft. Nur der kleine Burgbezirk der Ruine Schnellerts bei Ober-Kainsbach-Stierbach blieb dieser Linie erhalten.

Nur drei Jahre später (1559) nach dem Erbfall der Herrschaft Breuberg (1556) ging auch das Amt Wildenstein (mit Eschau und Kleinheubach) im Spessart und am Main durch Erbschaft an die Grafen zu Erbach über. Noch heute hat das Grafenhaus Erbach-Erbach im ehemaligen Amt Wildenstein Besitz. Kleinheubach hingegen wurde 1721 an den Fürsten zu Löwenstein-Wertheim-Rosenberg verkauft.

Was Titel und Ortsbezeichnung „*Steinbach*“ angeht, so ist damit das Steinbach an der Iller im Schwäbischen gemeint. Es gehörte zur Grafschaft Wartenberg-Roth.

Die Grafen zu Erbach-Fürstenau nannten sich noch *„Herren zu Breuberg und Rothenberg"*, die Grafen zu Erbach-Schönberg (seit 1903 gefürstet) *„Herren zu Breuberg und Wildenstein"*. Der 1988 verstorbene Graf Alfred zu Erbach-Fürstenau, Senior des Gesamthauses Erbach und Chef der Linie Erbach-Fürstenau, benutzte noch den Titel *„Seine Erlaucht Alfred Graf zu Erbach-Fürstenau, Herr zu Breuberg, Wildenstein und Rothenberg"*.

Die Herrschaft Rothenberg wurde 1797 von der Linie zu Erbach-Fürstenau aufgekauft. Die Grafen haben dort noch heute Grundbesitz.

Die Schönberger Linie des Hauses Erbach nennt sich nach Schloß und Amt Schönberg im heutigen Kreis Bergstraße, seit 1717 Sitz dieser Linie. Der Schönberger Besitz samt Schloß wurde verkauft.

Neben dem alten Erbachischen Stammwappen (Sternenwappen) gibt es eine zweite Version, die im Grünbergschen Wappenbuch angegeben ist, sich aber sonst nicht wiederfindet. Es zeigt zusätzlich zu den drei Sternen noch einen goldenen Schenkenpokal, ebenso zwischen den geschlossenen Büffelhörnern als Teil der Helmzier. Diese sind durch eine absteigende Spitze von Rot und Silber übereckgeteilt.

Das Wappen der Herren von Bickenbach

Bickenbach

Alle Wappen dieser Familie zeigen einheitlich seit 1211 in Rot zwei Reihen silberne Rauten als Schrägbalken angeordnet. Auf den älteren Siegeln sind die beiden Reihen meist deutlich voneinander abgesetzt (Wolfert 1972). Das Geschlecht ist ausgestorben.

Am Schloßturm findet sich das Wappen von Schenk Erasmus von Erbach (1466 - 1503); er führte auch das Bickenbacher Wappen.

Das Wappen der Herren von Werdenberg (und zum Heiligenberg)

Werdenberg-Heiligenberg

Nach der Züricher Wappenrolle ist das Werdenbergsche Wappen wie folgt beschrieben: *„In Rot eine oben an drei silbernen Ringen befestigte silberne Kirchenfahne (ein Tuch, unten zweimal eckig ausgeschnitten, so daß drei zu unterst gewimpelte Lätze herabhängen, der mittlere länger als die beiden zur Seite)"*. Man sieht es am Schloßturm als Teil des Allianzwappens Erbach/Werdenberg. Erasmus von Erbach war mit Elisabeth von Werdenberg und zum Heiligenberg verheiratet.

Das Wappen der Wild- und Rheingrafen zu Dhaun und Kyrburg

Wild- und Rheingrafen

Das am Schloß befindliche Wappen weicht vor allem in der Tingierung (Farbgebung) des Oberwappens (Helmzier und Helmdecke) von der Wappenbeschreibung nach Siebmacher, Hoher Adel, ab. Die Wappenbeschreibung lautet: *„Gevierter (Rücken-) Schild mit aufgelegtem Mittel- (oder Herz-)schild; letzteres ist gespalten und halbgeteilt. Vorn drei (2 : 1) rechtsgekehrte, aufrechte, goldene Löwen in Rot (wegen Kyrburg), hinten oben in Rot zwei pfahlweis gestellte, mit Kopf und Schweif auswärts gekrümm-*

te silberne Salme, begleitet von vier silbernen Kreuzchen, unten in Blau ein silberner Balken (wegen Vinstingen)".

Der Hauptschild (Rückschild) enthält im I. und IV. Feld das Stammwappen der Rheingrafen zum Stein, einen silbernen leopardierten (oder gepardelten, hersehenden) Löwen in Schwarz und im II. und III. Feld das Wappen der Wildgrafen von Dhaun, einen blaugekrönten, rotbezungten roten Löwen in Gold. Auf dem Schild ruhen drei Spangenhelme (auch Turnierhelme), von denen die beiden äußeren gekrönt sind (Laub- oder Helmkrone). Der erste Helm (von heraldisch rechts gesehen) mit rotgoldenen Decken trägt einen geschlossenen roten mit den drei linksgekehrten goldenen Löwen belegten Flug (geschlossener Flug, zwei zusammengelegte Flügel) wegen Kyrburg. Der mittlere Helm zeigt das Stammkleinod der Rheingrafen zum Stein, einen rotgestulpten niederen schwarzen Hut, im Stulp mit zwei silbernen Federbüschen besteckt und schwarz/silberne Decken, der heraldisch linke einen rotbezungten, blauen, mit silberner Querbinde (Halsband) belegten Brackenrumpf (Bracke = Jagdhund), der am Rücken mit vier Pfauspiegeln besteckt ist und blausilberne Decken (wegen Vinstingen).

Am Schloßeingang links: Wappen der Leopoldine Sophie Wilhelmine, Wild- und Rheingräfin zu Dhaun und Kyrburg, Gattin von Graf Georg Wilhelm (1686 - 1757). Das Wappen der Wild- und Rheingrafen findet sich auch am Rentkammerbau, zweimal am Alten Bau, an der Stadtkirche (rechtes Seitenportal) und am Rathaus (Mümlingseite). Die Wappen der Wild- und Rheingrafen im Schloßhof (Rentkammer und Alter Bau) sind Bestandteile von Ehewappen. Graf Eberhard II. (1511 - 1569) war verheiratet mit Margarethe, Wild- und Rheingräfin zu Salm.

Das Wappen der Grafen von Salm

Es kehrt wieder in den Wappen der Wild- und Rheingrafen zu Dhaun und Kyrburg. Die zwei pfahlweise gestellten, mit Kopf und Schweif auswärts gekrümmten Salme (Lachse) in Rot machen das Wappen zu einem redenden. Die Salme stehen für Ober-Salm, die vier begleitenden silbernen Kreuzchen angeblich für Nieder-Salm. Die Helmzier besteht aus einem hermelin-

Salm

gestülpten niederen roten Hut, besetzt mit zwei gestürzten, büffelhornförmig gebogenen, silbernen Salmen; die Helmdecke ist rotsilbern. Dieses Wappen ist ein Beispiel für einfache Gestaltung, verweist aber auf ein hohes Alter: der Stammvater dieses Geschlechts ist 1130 gestorben. Altersmäßig sehen wir hier eine Parallele zu den Alt-Erbachern.

Die verschiedenen Linien, die sich auf die Grafen von Salm zurückführen lassen, wurden später gefürstet und gehören zum Verwandtschaftskreis, deren Angehörige sich „*Fürsten von Salm*" nennen.

Das Wappen der Herren von Stolberg

Das Stammwappen des Geschlechts von Stolberg war von jeher - seit etwa 1260 - ein Hirsch, der jedoch auf den ältesten Siegeln noch nicht schreitend, sondern stehend abgebildet ist. Das Helmkleinod ist ein Pfauschweif zwischen zwei Straußfedern. Die Helmkrone hat nur drei sichtbare Zacken mit Dreiblättern besetzt. Die Wappenbeschreibung lautet: „*Nach rechts schreitender schwarzer Hirsch in Gold*".

Wappen am Bau der Rentkammer (über dem Portal). Ehewappen Erbach/Stolberg. Graf Georg Albrecht (1844 - 1915) war mit Gräfin Erika Juliane zu Stolberg-Stolberg verheiratet.

Stolberg

Wappen der Grafen und Fürsten zu Waldeck und Pyrmont

Waldeck

Das Stammwappen der Grafen von Waldeck war von jeher ein achtstrahliger schwarzer Stern in Gold, wiederholt auf den Adlerflügeln, die der Helm trägt. Im nebenstehenden Wappenschild nur sechsstrahlig, nach Siebmacher, so auch im Allianzwappen im Schloßhof. Die Linie Waldeck-Pyrmont wurde 1712 in den Reichsfürstenstand erhoben.

Wappen am Alten Bau im Giebel einer Gaube, Ehewappen Erbach/Waldeck. Graf Ludwig III. (1579 - 1643) war verheiratet mit Gräfin Juliane zu Waldeck.

Wappen der Herren von Barby

Die Wappenbeschreibung lautet: „*Quadrierter (gevierter) Schild, Feld I und IV roter Adler in Weiß, Feld II und III weiße Rose in Rot. Auf dem Schild ruhen zwei Turnierhelme; der heraldisch rechte zeigt einen weißen nach innen gekehrten Hund auf einem roten Kissen, der heraldisch linke Helm eine weiße Zipfelmütze mit rotem Stulp zwischen zwei Turnierlanzen. Die Helmdecken sind rot und weiß.*" Die Grafen von Barby sind 1659 ausgestorben. Das Wappen befindet sich am Archivbau (Treppenturm) und Torbau (innen).

Barby

Wappen der Grafen von Bothmer

Die Wappenbeschreibung des Stammwappens lautet: „*Schild in Blau ein weißes Boot. Auf dem Helm dasselbe und in demselben ein blau-gold gebän-*

Bothmer

derter Mast oder Schaft mit Pfauenfedern besteckt. Decken blau-weiß (silber)". Das Stammwappen ist sprechend (redend).

Der gräfliche Schild ist geviertet mit einem gekrönten Herzschild, in dem sich das Stammwappen zeigt. Feld I und IV des Hauptschildes enthält in Gold den deutschen Reichsadler (doppelköpfig) mit der darüber schwebenden Kaiserkrone (bei Erhebung in den Reichsgrafenstand 1713 ins Wappen gekommen). Feld II und III zeigt in Rot einen goldenen Löwen.

Auf dem Schild ruhen drei Helme. Der erste (heraldisch rechts) trägt den kaiserlichen Adler, wie im Schild, der mittlere ist zum Stammwappen gehörig und zeigt ein silbernes Boot, aus dem eine rot und silbern gebänderte, gold-gekrönte und mit fünf Pfauenspiegeln besteckte Säule emporsteht. Der dritte Helm hat als Kleinod einen staffelförmigen silbernen Giebel mit einem schwarzen Sparren belegt, darüber der Löwe zwischen zwei Fahnen.

Bothmer

An der Stadtkirche, linkes Seitenportal, befindet sich das Wappen der Gräfin Sophie Charlotte von Bodmar (Bothmer), erste Gattin von Graf Georg Wilhelm (1686 - 1757).

Wappen der Echter (von Mespelbrunn)

Die Wappenbeschreibung lautet: *„In Blau ein silberner Schrägbalken mit drei blauen Ringen. Helm: zwei blaue Hörner, mit silbernen Schrägbalken und ei-*

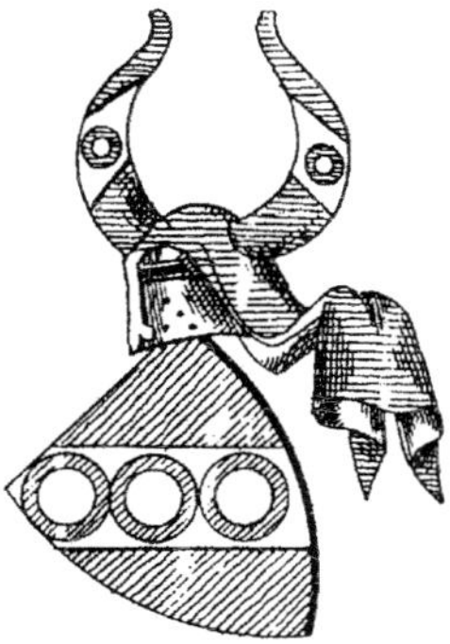

Echter

nem (sichtbaren) blauen Ring. Decken: blau-silber".

Ehewappen am Haus Städtel 17. Wappen der Echter und Adelsheim. Peter Echter und Ehefrau Gertrud von Adelsheim erbauten 1545 dieses Haus. Ihr Sohn ist der berühmte Fürstbischof Julius Echter von Mespelbrunn zu Würzburg (1573 - 1617).

WAPPEN VON ADELSHEIM

Die Wappenbeschreibung lautet: *„Schild: Weiß (Silber) mit schwarzem nach oben gebogenen Widderhorn (Steinbockshorn). Helm: wachsender gekrönter schwarzer Frauenrumpf (ohne Arme) mit langem Haarzopf zwischen zwei von Weiß und Schwarz quergeteilten wie Stierhörner gebildeten Widderhörnern (Steinbockshörnern). Decken: schwarz und weiß (silber)"*. Das Geschlecht starb 1665 aus.

Adelsheim

Habern

WAPPEN VON HABERN

Die Wappenbeschreibung lautet: *„Schild: In Blau zwei senkrecht gestellte abgekehrte silberne Beile mit goldenen Stielen. Helm: Zwei Flügel wie Schildfigur. Decken: blau-silber"*. Das Geschlecht ist im 17. Jahrhundert ausgestorben.

Wappen an der *„Habermannsburg"*, Städtel 26; von oder vom Habern.

Wappen von Reibnitz-Ochsenstein

Reibnitz

1. von Reibnitz:
Wappenbeschreibung: *„Schild: In Silber zwei rote Balken. Auf dem Helm mit Helmkrone zwei Hörner rot-silber. Decken: rot-silber"*.
Wappen am evangelischen Kindergarten, Städtel 32; Ehewappen Reibnitz-Ochsenstein.

2. von Ochsenstein:
Wappenbeschreibung: *„Schild: Geviertet von Rot und Blau. Feld I und IV aus goldenem Dreiberg wachsend ein goldener Ochse, Feld II und III über einem silbernen Fisch ein goldener Stern. Zwei Helme: Erster Helm (heraldisch rechts) der Ochse wachsend, zweiter Helm eine goldene Sonne zwischen blauem Flug, dessen jeder Teil mit einem goldenen Stern belegt ist. Decken: erster Helm rot-gold, zweiter Helm blau-silber"*.

Ochsenstein

Stammwappen der Schenken von Erbach

Wappenbeschreibung: *„Schild: Von Rot und Silber geteilt, mit drei (2 : 1) Sternen verwechselter Tinktur (Farbe). Helmkleinod: Zwei Stierhörner (Büffelhörner), ursprünglich von Rot und Silber durch eine aufsteigende Spitze quergeteilt"*.

Dieses Wappen findet sich eindrucksvoll an der Burgruine Freienstein (Gammelsbach), an der Eberhardsburg (Kunstruine) im Eulbacher Park und in der Kirche in Reichelsheim. Weitere Beispiele in der jüngeren Neuzeit: Sophientempel über Erbach, Grabsteine in Erbach und Ober-Sensbach, mit Fürstenhut an der Rentkammer (Schloßhof) oder am Jagdschloß Eulbach. Das Stammwappen der Herren von Erbach sieht man auch in der Kir-

Erbacher Sternenwappen

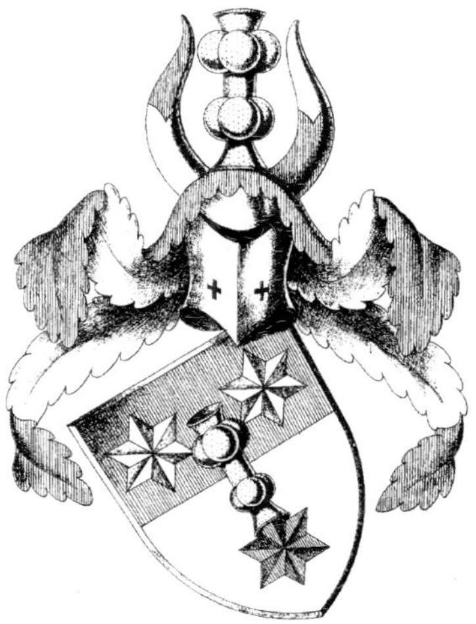

mit Schenkenpokal

che zu Michelstadt, Rehbach und Güttersbach. Das Alt-Erbacher Sternenwappen (Stammwappen) findet in jüngster Zeit auf Hinweisschildern und Informationstafeln immer mehr Verwendung.

Variation „*Schenkenwappen*“: Das Wappen der Herren von Erbach als Erbschenken von Kurpfalz gibt das Grünenbergische Wappenbuch an. Wappenbeschreibung wie zuvor, zusätzlich „*im Schild zwischen den Sternen und auf dem Helm der goldene Schenkenpokal; die geschlossenen Büffelhörner durch eine absteigende Spitze von Rot und Silber übereckgeteilt*“.

Wappen der Grafen zu Erbach, Herren zu Breuberg

Wappenbeschreibung: „*Gevierter Schild. Feld I und IV: Von Rot und Silber geteilt, mit drei (2 : 1) Sternen verwechselter Tinktur (Schenken von Erbach). Felder II und III: In Silber zwei rote Balken (Herren zu Breuberg). Auf dem gekrönten Helm (Laubkrone, Helmkrone) zwei Hörner (Büffelhörner, offen) silber-rot über Eck geteilt, davor gekreuzt zwei silberne Banner mit je zwei*

Erbach-Breuberg

roten Balken. Decken: rot und silber".

Das Erbach-Breubergische Wappen ist sichtbar im Schloßhof zu Erbach am Alten Bau und zweimal am Archivbau (dort einmal falsch tingiert); ferner am Torbau (außen) und über dem Hauptportal der Stadtkirche in Erbach, am Marktbrunnen in Erbach (dort falsch tingiert), an der Kirche und am Schloß zu Bad König, an den Kirchen in Rimbach und Reichenbach und an den Schlössern Fürstenau, Breuberg und Schönberg, außerdem am Eulbacher Jagdschloß, am Pavillon im Eulbacher Park und auf zahlreichen Grabsteinen für Erbacher Grafen und Gräfinnen.

Wappen der Grafen zu Erbach-Erbach

Diese Linie ist der frühere Erbach-Reichenberger Ast. Wappen nach der kaiserlichen Wappenvermehrung vom 9. Juli 1755. Wappenbeschreibung: „*Gevierter Schild von Erbach und Breuberg, mit goldenem Herzschild, darin der von Kaiserkrone überhöhte, goldbescheinte schwarze Reichsadler, mit goldnem Brustschild, darin die Initiale Kaiser Franz I. (F.I.), Zepter, Schwert und Reichsapfel.*

Erbach-Erbach (1755)

Auf dem Schild drei gekrönte Helme mit rotsilbernen (der mittlere mit schwarzgoldenen) Decken, von denen der rechte Büffelhörner und Fahnen, der linke ein mit zwei roten Balken bezeichnetes silbernes Schirmbrett (wegen Breuberg ?), der mittlere den Reichsadler des Herzschildes trägt".

Das Wappen von 1755 sieht man am Schloßportal, rechts des Treppenaufgangs und auf dem Sarkophag des Grafen Georg Wilhelm (1686 - 1757) in der Kirche in Reichelsheim.

Wappen der Grafen zu Erbach-Erbach und von Wartenberg-Roth

Mantelwappen Erbach-Erbach

Wappenbeschreibung: *„Gevierter Schild, mit goldenem Mittelschild, darin der von der Kaiserkrone überhöhte schwarze doppelte Reichsadler, mit Schwert, Zepter und Reichsapfel. Feld I: Stammwappen Erbach. Feld II: Stammwappen (Kolbe von Wartenberg) in Silber ein roter Balken, begleitet von drei (2 : 1) roten Kugeln. Feld III: In Rot ein silberner Greif (wahrscheinlich wegen der Reichsgrafschaft Roth). Feld IV: Breuberg (zwei rote Balken in Silber). Auf dem Schild ruhen drei gekrönte Helme. Der rechte Helm trägt Büffelhörner und Fahnen, der linke einen wachsenden silbernen Greif zwischen geschlossenem rotem Flug (Roth), der mittlere das Stammkleinod der Kolbe von Wartenberg, nämlich einen wachsenden Jüngling in von Rot und Silber gespaltenem Kleid mit Gür-*

tel, Kragen und Stulpen verwechselter Tinkturen (Farben), silbergestülpter roter phrygischer Mütze, in der Rechten eine goldene Streitkolbe haltend. Decken alle rotsilbern. Schildhalter: rechts ein widersehender naturfarbener Löwe, links ein Jüngling in rotem Kittel, mit silbernem Gürtel und Kniebeinkleid, auch hohen schwarzen Stiefeln, mit silberngestülptem rotem Barett, eine Streitkolbe hoch im linken Arm über die Schulter haltend, stehend auf Postament. Um das Ganze ein hermelingefütterter, goldbefranster gebundener roter Mantel, aus regulärem Fürstenhut herabwallend".

Dieses sogenannte Mantelwappen ohne Helme, Helmzier und Schildhalter wird zu besonderen familiären Anlässen im Grafenhaus auf dem Erbacher Schloß aufgezogen.

Eine einfachere Ausführung dieses Wappens ist der Wappenschild Erbach-Breuberg-Wartenberg-Roth mit der darübergesetzten Erlauchtkrone.

Wappen der Grafen zu Erbach-Fürstenau

Wappenbeschreibung: „Gevierter Schild. Feld I und IV: Von Rot und Silber geteilt, mit drei (2 : 1) Sternen verwechselter Tinktur (Farbe). Feld II und III: In Silber zwei rote Balken (Herrschaft Breuberg). Auf dem ungekrönten Helm, mit rotsilbernen Dekken zwei von Silber und Rot übereckgeteilte Büffelhörner (Erbach), dahinter gekreuzt an goldenen Lanzen zwei wie Feld II gezeichnete Banner (Breuberg). Das Ganze umgeben von blauem, hermelingefüttertem, goldverziertem, von Erlauchtkrone zusammengehaltenem gebundenem Wappenmantel".

Mantelwappen Erbach-Fürstenau

Mantelwappen Erbach-Schönberg

Wappen der Grafen zu Erbach-Schönberg

Diese Linie führt das Wappen ebenso wie die Linie Erbach-Fürstenau, nur mit drei gekrönten Helmen, je mit den Büffelhörnern. Diese Linie wurde 1903 gefürstet.

Das Stammwappen der Grafen (Kolbe) von Wartenberg (-Roth)

Das Stammwappen war ein „*silberner Schild, darin ein roter, von drei (2 : 1) roten Kugeln begleiteter Balken, und auf dem Helm ein wachsender Mann mit blondem Haar und Bart, in von Rot und Silber, mit Kragen und Stulpen verwechselter Tinktur gespaltenem Kleid mit fünf goldenen Knöpfen, sowie rotgestülpter vorübergebogener silberner, mit rotem Balken und drei roten Kugeln (1 : 2) belegter Mütze, die Rechte einen eisernen Streitkolben haltend, die Linke in die Hüfte gestemmt. Decken: rotsilbern*“.

Kolbe

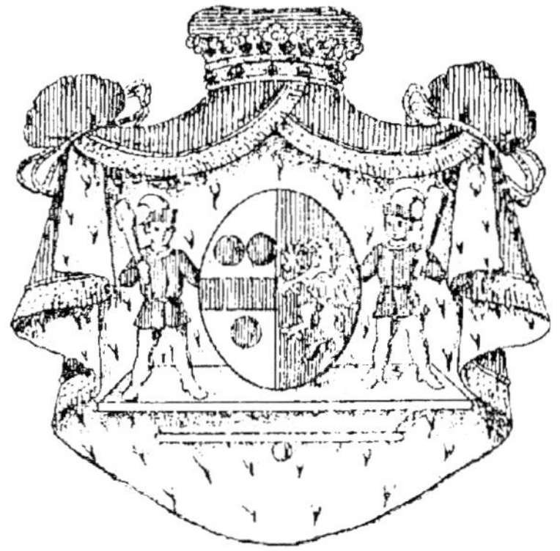

Kolbe-Wartenberg-Roth

Das Wappen der Grafen von Wartenberg-Roth

Nach Erwerb der Reichsherrschaft Roth ist der Schild gespalten, vorn silbern mit rotem Balken, begleitet von drei roten Kugeln hinten (Wartenberg); hinten (wegen Roth) ein silberner Greif im roten Feld. Schildhalter: zwei braune Keulen schulternde Jünglinge in roten Waffenröcken und weißen Trikots, sowie roten Mützen, auf Postament stehend. Um das Ganze ein hermelingefütterter, goldbefranster roter Wappenmantel, herabwallend aus goldener Krone mit fünf großen und vier kleinen Blättern mit blauer Mütze.

Das Wappen der Grafen zu Erbach-Erbach und Wartenberg-Roth findet sich in allen Forsthäusern der Grafen dieser Linie (mit Fürstenhut), auf Burg Reichenberg, an der Schloßwache in Erbach und am Aufgang zum Grafenstuhl in der Stadtkirche im Städtel.

Metalle und Farben (Tinkturen)

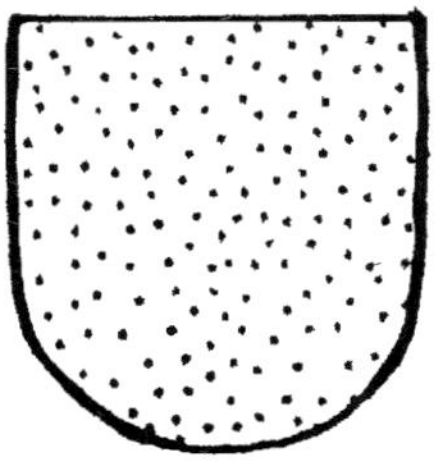

Gold/Gelb

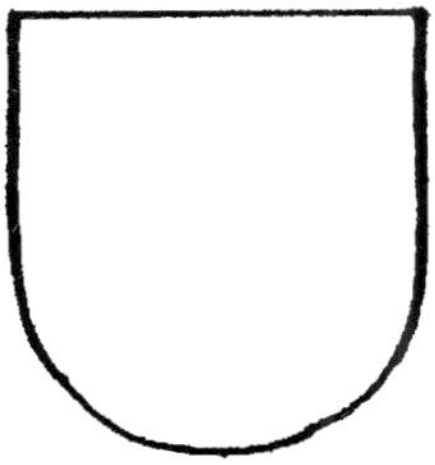

Silber/Weiß

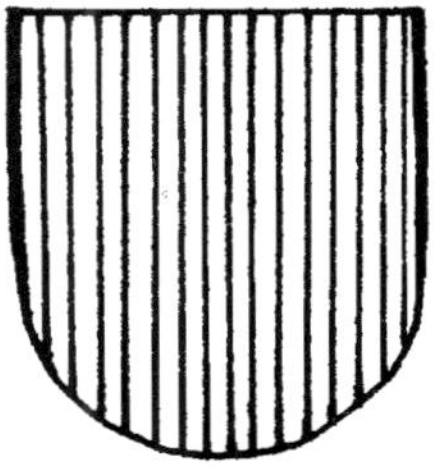

Rot

Blau

Schwarz

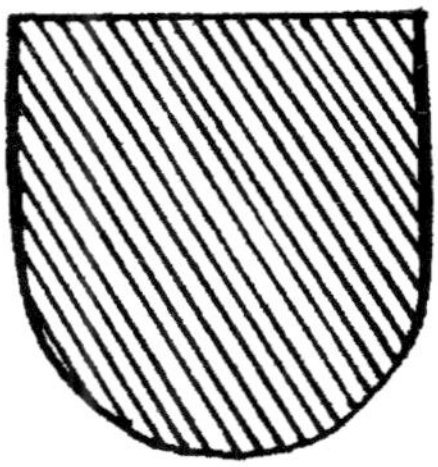

Grün

Purpur

Naturfarbe

10. Symbolisch
Sternenschmuck im Odenwald

Das Sternenwappen mit und ohne Breuberger Balken kann man im Odenwaldkreis an verschiedenen Stellen finden, in der Hauptsache an oder in Kirchen oder an und in Burgen und Schlössern, aber auch auf Grabsteinen an Orten in der ehemaligen Grafschaft, an denen die Angehörigen des Hauses Erbach ihre letzte Ruhestätte gefunden haben.

Bad König

Mit unserer Entdeckungsreise beginnen wir in Bad König. Über dem Kirchenportal, am Portalsturz, prangt das von zwei Genien flankierte Wappen des Hauses Erbach. Die Jahreszahl 1751 weist auf den Erbauer Georg Albrecht zu Erbach-Schönberg. Außerdem findet man an der Außenwand des Zwischenbaues von Kirch

Erbach-Breubergisches Wappen über dem Portal der evangelischen Kirche in Bad König.

Erbach-Breubergisches Vollwappen am Neuen Schloß in Bad König.

Im Stil des Rokoko: Erbach-Breubergisches Wappen im Giebel des Neuen Schlosses in Bad König.

turm und *„Altem Schloß"* das dort sekundär vermauerte Erbacher Sternenwappen (Schenk Georg I. von Erbach, etwa 1438 - 1481) in Begleitung eines Schildes mit einem springenden Roß (Cordula von Frauenberg zum Hag, dessen Ehefrau, gestorben 1501). Am Obergeschoß des Nordflügels der Bad Königer Schloßanlage erblickt man die Wappenkartusche des Grafen Johann Casimir zu Erbach-Schönberg (gestorben 1627). Die Inschrift lautet: „JOHANN CASIMIR GRAVE - ERPACH UND HERR ZU BREUBERG ANO 1624". Hier haben wir es in Form und Schrift mit dem gleichen Wappenstein zu tun, wie wir ihn auf Schloß Schönberg am Torbau antreffen. Auch im halbrunden Giebelabschluß des Neuen Schlosses erblickt der Betrachter das großformatige in Stein gemeißelte Wappen Erbach-Breu-

Eigentümlich und einzigartig ist das Allianzwappen von Schenk Eberhard XIII. von Erbach und dessen Gemahlin Gräfin Marie von Wertheim (1514) im Chorgewölbe der Friedhofskapelle in Bad König.

berg, das von einer üppigen Girlande großzügig begleitet ist. Dieses Wappen ist dem spätbarocken Stil zuzuweisen mit Anklängen an das Rokoko.

Auch im Chorraum der Friedhofskapelle in Bad König stoßen wir auf das Wappen der Erbacher und Wertheimer. Dieses Allianzwappen gehört dem Ehepaar Schenk Eberhard XIII. (1470 - 1539) und Gräfin Maria von Wertheim (1485 - 1553). Die seltene Art der Darstellung des Wappenschildes ist nur ein einziges Mal in dieser Fassung bekannt.

Brensbach

Die Schenken von Erbach hatten den pfälzischen Teil von Brensbach zu Lehen. In der evangelischen Pfarrkirche in Brensbach, einem spätgotischen Bau, befindet sich eine von Kunsthistorikern geschätzte vorzügliche Steinkanzel aus dem Jahr 1526, von dem Steinmetzen Karl Wernher gearbeitet. In den mit Astwerk verzierten Feldern sieht man auch das Erbacher Sternenwappen. Stiftungen an diese Kirche durch die Erbacher Schenken sind erstmals ab 1387 bekannt. Die Erbacher präsentierten auch die Pfarrer. Die Erbacher Grafen (Erbach-Erbach) sind auch heute noch Patronatsherren dieser Pfarrkiche.

Breuberg

In der Burgkapelle der Burg Breuberg liegt Graf Gottfried von Erbach begraben. Er fiel 1635 bei der Verteidigung dieser Festung. Der Zinnsarg trägt

Vollwappen Erbach-Breuberg am Casimir-Bau der Burg Breuberg.

sein Wappen. Am Kasimirbau befindet sich oberhalb des Eingangs das von zwei Genien gehaltene Wappen Erbach-Breuberg mit der Inschrift: „JOHANN CASIMIR GRAVE ZU ERPACH
UND HERE ZU BREUBERG 1613“. In der Stuckdekke des Rittersaals finden sich Wappen der Ahnen von Graf Johann Casimir, unter anderem auch das Wappen von Solms/Erbach.

Fürstenau

Über dem Portal des Torbaus von Schloß Fürstenau, am sogenannten Neuen Bau, ist an dessen Außenseite ein Wappen angebracht, das auf den Erbauer Graf Georg Albrecht III. zu Erbach-Fürstenau (1648 - 1717) hinweist. Das Erbach-Breubergische Wappen ist umgeben von einer Inschrift in Gürtelform, eine für den Odenwaldraum singuläre Art eines Inschriftenbandes. Der um den Wappenschild herumgelegte Gürtel mit Gürtelschnalle trägt folgende Auf-

Wappenschild über dem äußeren Torportal zum Schloß Fürstenau.

Abgenommenes Vollwappen Erbach-Breuberg vom Schwippbogen des Schlosses Fürstenau.

schrift: „GEORG ALBRECHT . GRAF ZU ERBACH U. HER ZU BREUBERG“. Die spätbarocke bis frühklassizistische Stilform hat die Wappentafel mit stark stilisiertem Arabeskenwerk ausgestattet. Über dem ovalen Schild ruht der Fürstenhut.

Am Scheitel des Prachtbogens des Fürstenauer Schlosses ist das von lebendigem Arabeskengewinde umkränzte und von Büffelhörnern überragte Allianzwappen des Grafen Georg II. (1548 - 1605) und seiner Gemahlin Dorothea geborene Gräfin von Reuss-Plauen (gestorben 1591) angebracht. 1997/98 wurde es nach dem Original neu durch kunstfertige Hand des Steinbacher Steinmetzen Lutz Schmidt nachgebildet. Unter dem Allianzwappen ist die Jahreszahl 1588 sowie die Abbreviatur G.G.Z.E.H.Z.B. (Graf Georg zu Erbach Herr zu Breuberg) eingemeißelt.

Am Erker der Giebelfront des nördlichen Flügelbaues prangt das Allianzwappen von Erbach und Wertheim aus dem 16. Jahrhundert. Auch im Innern eines Erkers des *„Markgräflichen Zimmers“* ist das Wappen Erbach-Wertheim zu sehen. Es erinnert an den Erbauer Graf Eberhard XIII. (1470 - 1539) und seine Gemahlin Maria Gräfin von Wertheim.

Im Speisesaal des Fürstenauer Schlosses, über der Kredenz (Schenktisch), befindet sich ein großdimensioniertes Ölgemälde aus dem 17. Jahrhundert, das Einhard und Imma thronend unter einem Baldachin zeigt. In der oberen linken Ecke sieht man das Erbacher Sternenwappen, das von zwei Engeln getragen wird. Nach Inhalt und Form fast identisch (Kopie !)

ist ein Ölgemälde im Konventsbau der ehemaligen Benediktinerabtei in Seligenstadt.

Auch an einem gotischen Kamin im Speisesaal prangt das Erbacher Wappen zusammen mit dem der Eppsteiner. *„Den gleichen Wappenschmuck erblickt man in den Bogenzwickeln einer mit geschwungenem Giebel bekrönten gotischen Pforte, welche vom Korridor in das Mittelgeschoß des nordöstlichen Eckturmes führt“* (Schäfer 1891). Auch im Wölbescheitel des nordöstlichen Eckturmes sieht man Wappen und zwar in der Kombination Erbach und Erbach-Eppstein. Die 1477 gestorbene Gräfin Lukardis von Eppstein war die Gemahlin von Schenk Philipp III. von Erbach (1415 - 1461).

Im sogenannten Roten Turm befindet sich in der *„Steinen Kammer“* ein Kamin mit dem Wappen Erbach und Hohenlohe. Diese Wappen wiederholen sich in den Wölberippen. Graf Georg Albrecht I. (1597 - 1647) war in dritter Ehe mit Elisabethe Dorothea Gräfin zu Hohenlohe-Schillingsfürst (1635 - 1656) verheiratet. Auch dessen Sohn Georg Albrecht III. (1648 - 1717) hatte eine Hohenloherin zur Frau; es war Anna Dorothea Christine Gräfin von Hohenlohe-Waldenburg (gestorben 1734). Das Paar begründete die Linie zu Fürstenau.

Wappenstein im Schloßhof Fürstenau; Zeichnung von Ph. O. Schäfer (1885).

Am Stallbau sieht man das Allianzwappen von Erbach/Reuss. An der Fassade der Schloßmühle ist das Allianzwappen Erbach-Breuberg und Reuss-Plauen angebracht. Erbauer ist Graf Georg II. am Ende des 16. Jahrhunderts.

Im Schloßhof sind an der Wand des Erdgeschosses mehrere skulptierte und ornamentierte Steinfragmente aufgestellt, darunter ein von *„beschwingten Genien flankiertes Wappen der Geschlechter Erbach und Solms mit Ornamenten im Metallstil. Es ist eine kompositionell wie technisch tüchtige Leistung aus der Zeit der zweiten Ehe (1572 - 1586) Graf Georg des Jüngeren. - Eine noch bedeutendere Meisterhand hat das Allianzwappen von Erbach-Reuss geschaffen, welches an der vorerwähnten Toreinfahrt der verschwundenen, im inneren Schloßhof abgrenzenden Verbindungsmauer angebracht war" (Schäfer 1891). Diese Bauurkunde aus Buntsandstein „gibt eine Vorstellung dieser schwungvoll komponierten und meißelfertig durchgeführten Schöpfung der Reliefplastik der Renaissance aus dem Schluß des 16. Jahrhunderts"*, schreibt Kunsthistoriker Georg Schäfer (1891).

GAMMELSBACH

Holzgeschnitzte Hinweistafel an den Ortseingängen von Gammelsbach.

Auf der Erbachischen Burg Freienstein über Gammelsbach erblickt man im Mauerwerk des Torbaues, rechter Hand eingelassen, das Giebelfeld eines zerstörten Portals. Es besteht aus einem Spitzbogensturz mit Dreipaßfüllung; im Zentrum befindet sich das gestirnte Wappenschild der Schenken von Erbach, dazu der Helm mit den beiden Büffelhörnern in Relief. Seiner Formgebung nach weist Schäfer (1891) die Entstehung dieses bauurkundlichen Werkstückes dem Ende des 14. Jahrhunderts zu.

Die hübschen bunten Holzschilder, die den Besucher an den beiden Ortseingängen von Gammelsbach begrüßen, hatten als Vorlage das eben besprochene Vollwappen von Burg Freienstein.

Gewölbeschlußstein mit Sternenwappen im Chor der evangelischen Kirche in Güttersbach.

Güttersbach

Mit der Quellkirche in Güttersbach fühlten sich die Grafen zu Erbach besonders verbunden, holten sie doch lange Zeit am Kilians- oder Kindlesbrunnen, dessen Quelle unter der Kirche liegen soll, ihr Taufwasser für ihre Sprößlinge. Im Chor dieser bis in die romanische Zeit zurückreichende Kirche mit seinem gotischen Sterngewölbe prangt am mittleren Schneidepunkt des Rippenwerks das dreigestirnte Wappen des Hauses Erbach. Die Wappenschilde an den benachbarten Kreuzungen der Gewölberippen weisen leere Felder auf.

Hirschhorn

In der Friedhofskapelle (Ersheimer Kapelle) in Hirschhorn befindet sich das Grabdenkmal des Konrad von Hirschhorn (gestorben 1358) mit dessen Wappenschild und dem des Hauses Erbach, ferner die Grabplatte der Margarete von Erbach (gestorben 1383). Sie war die Frau Engelhards I. von Hirschhorn (gestorben 1361).

In der Karmeliterkirche in Hirschhorn sieht man an der Maßwerkbrüstung des Lettners (Chorschranke) unter anderem den Wappenschild von Erbach.

Auf Burg Hirschhorn erkennt man an der Südwand in einem der Innenräume des Palas unter anderem das Wappen von Erbach und Bickenbach.

Kirch-Brombach

Bei der Teilung der Grafschaft Erbach im Jahr 1732 kam die erbachische Hälfte an die Linie Erbach-Schönberg. In der evangelischen Pfarrkirche zu Kirch-Brombach findet sich deshalb das Wappen von Erbach-Breuberg (Mantelwappen, rechts an der Ostwand). Der Chorraum ist mit einem Rautengewölbe ausgestattet. Die Runddienste weisen Wappenkonsolen auf. Die eine ziert das Wappen Philipps von Erbach (gestorben 1461), eine andere das seiner Gemahlin Lukarda von Eppstein (gestorben 1477). Unter Schenk Philipp von Erbach hat der Chor seine heutige Einwölbung erhalten.

Kleinheubach

Dieses Dorf am Main (Unterfranken, Freistaat Bayern) gehörte von 1559 bis 1721 den Schenken von Erbach. Das Dorf kam durch Erbschaft über die Herren von Rieneck an das Haus Erbach. Chor und Langhaus der dortigen evangelischen Pfarrkirche wurden von 1706 bis 1710 erbaut. Über dem Kirchenportal findet sich neben dem Wappen von Löwenstein-Wertheim-Rosenberg auch das des Erbacher Grafen Philipp Ludwig (1669 - 1720) und seiner Gemahlin Albertine Elisabeth Prinzessin von Waldeck (gestorben 1727). Der Schild für Philipp Ludwig ist mit dem Johanniterkreuz unterlegt. Es ist dies der einzige Fall, den wir in der Heraldik im Zusammenhang mit dem Erbacher Grafenhaus kennen. Graf Philipp Ludwig war 1689 vom Fürsten von Waldeck, Großmeister des Johanniter-Ordens, in Sonnenburg/Preußen zum Ordensritter geschlagen worden und erhielt 1713 die Ordenskommende Schievelbein, deren Komtur er wurde.

Gegen Ende des 16. Jahrhunderts erbaute Graf Georg II. zu Erbach-Erbach in Kleinheubach die Georgenburg, dort wo sich heute das Schloß der Fürsten zu Löwenstein-Wertheim-Rosenberg erhebt. Von der Georgenburg sind nur noch wenige Reste im Innern des heutigen Schlosses enthalten.

Von unserer Rundreise durch einen Teil des Odenwaldes kehren wir vom Main wieder in das Zentrum des Odenwaldkreises, zunächst nach Michelstadt, und dann nach Erbach zurück.

Michelstadt

Zahlreiche Mitglieder des Hauses Erbach liegen in der Familiengruft in der Michelstädter Stadtkirche begraben. Chor, Schiff sowie Georgs- und Eberhardskapelle sind reich mit Grabdenkmälern ausgestattet. Entsprechend häufig trifft man überall auf die gräflichen Wappen auf diesen Denkmälern,

Vollwappen der Grafen zu Erbach über dem Eingang zur Gruft in der Stadtkirche in Michelstadt (oben);

Engel mit barockem Sternenwappen am Epitaph des Grafen Friedrich Magnus zu Erbach († 1618), rechts.

Allianzwappen Erbach/Pfalz am Kellereigebäude in Michelstadt (1539).

oft auch in Kombination Erbach/Bickenbach, Erbach/Pfalz, Erbach/Eppstein, Erbach/Wertheim in den Gewölbeschlußsteinen der gotischen Rippenwölbungen. Auf eine detaillierte Darstellung wird hier verzichtet, da hierüber in jüngster Zeit eine ausführliche Würdigung der Begräbnisstätte mit umfangreichem bebilderten Katalog erfolgt ist (Nikitsch, 1991).

Das Sternenwappen der Grafen zu Erbach findet sich im Stadtgebiet von Michelstadt auch noch am Kellereigebäude, dort zusammen mit dem pfalzgräflichen Wappen (Allianzwappen, 1539, Graf Georg I., 1506 - 1596 und Elisabeth von der Pfalz, gestorben 1563) und am sogenannten *„Schwiegermütterbrunnen"* von 1541, zusammen mit den Wappen Baden, Pfalz und Wertheim, ferner am Brunnenstock des Marktbrunnens (Erbach-Breuberg) sowie auf dem Schild des Erzengels Michael (ebenfalls Erbach-Breuberg).

Wir setzen unsere wappenkundliche Rundreise durch den Odenwald fort und kommen nach Rehbach.

Rehbach

Im gotischen Chor der Rehbacher Kirche (heute Friedhofskapelle) sind die Wölberippen an ihren Kreuzungen mit fünf kleinen Schilden besetzt, von denen der mittlere Schild das Erbachische Wappen, ein benachbarter Schild dahinter, das Johanniterkreuz enthält. Alle übrigen Schilde sind leer. Ob sie ihre *„heraldische Zier verloren haben"*, wie Schäfer (1891) vermutet, bleibt dahingestellt. Vermutlich waren sie immer leer, wie die bereits erwähnten in Güttersbach.

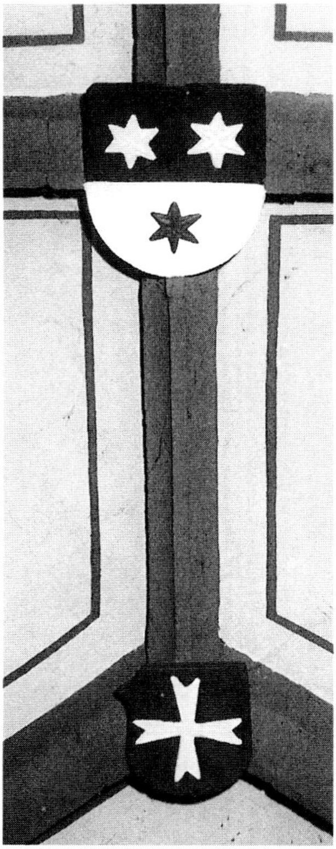

Das Erbacher Grafenwappen, darunter das Johanniter-Ordenskreuz im Chorgewölbe der Kapelle in Rehbach.

Reichelsheim

Einige Glieder des Schenken- und Grafenhauses derer von Erbach fanden in der Gruft der evangelischen Pfarrkirche in Reichelsheim zwischen 1731 und 1757 ihre letzte Ruhestätte. Davon künden Epitaphien beiderseits des Chors. Rechts von der Kanzel ist eine Gedenktafel für den Grafen Georg Wilhelm zu Erbach-Erbach (1686 - 1757), des Erbauers des Erbacher Schlosses in seiner heutigen Form (1736) und der Erbacher Stadtkirche (1750), angebracht. Er wohnte auf Burg Reichenberg über Reichelsheim von 1717 bis 1731. Danach zog er in die Residenzstadt Erbach, übernahm dort die Regierung und wohnte im dortigen Schloß. Er wurde bei seiner ersten Gattin, der Gräfin Sophie Charlotte von Bodmar, seiner zweiten Tochter Johanna Ernestina und seiner Enkelin Sophia Augusta in der Reichelsheimer Kirche beigesetzt. Alle Epitaphien zeigen das Erbach-Breuberger Wappen.

Außer auf den Epitaphien findet sich noch mehrmals das Gräflich Erbachische Wappen, so, farbig angelegt, über dem Chor (Mantelwappen) und über dem früheren Grafenstuhl (Erbach-Breuberg). Das gemalte Wappen über dem Chor ist, was die Anordnung der beiden Balken für Breuberg angeht, nicht korrekt ausgeführt; das gleiche gilt auch für das geschnitzte

Erbach-Breuberger Wappen an der Hofloge über dem früheren Grafenstuhl. Auch im südlichen Chorfenster sieht man das Erbacher Sternenwappen.

Das 1755 durch Kaiser Franz I. vermehrte und verbesserte Wappen für den Grafen Georg Wilhelm zu Erbach-Erbach ziert sowohl dessen Zinksarg als auch den gemalten Epitaph. Sein Wappen findet sich auch rechts vom Portal des Erbacher Schlosses. Das von Bodmarsche Wappen ist einmal hier auf dem Sarg der Gräfin angebracht und zum anderen über dem linken Seitenportal der Stadtkirche in Erbach zu sehen. Die Grabstellen sind übrigens nicht zugänglich.

Wappen des Grafen Georg Wilhelm zu Erbach auf dessen Zinksarg in der Gruft der Kirche zu Reichelsheim.

Im hinteren Teil des Chors ist das Erbacher Vollwappen (Sternenwappen) in die Wand eingelassen, so wie wir es von Burg Freienstein und von der Eberhardsburg im Eulbacher Park her kennen. Seiner Form nach gehört dieses Wappen noch dem 14. Jahrhundert an. Auf dem heraldisch nach rechts gelehnten Schild ruht in Frontalansicht der Stechhelm mit Helmdecke und zwei offenen Büffelhörnern, wie wir sie von allen Erbacher Wappen mit Helmzier her kennen.

Die Vaterunserglocke des Reichelsheimer evangelischen Gotteshauses wird von den drei Erbacher Wappensternen geziert; sie trägt außerdem die Randschrift: „SCHENCK VELTIN EIN FREIHERR REICHSHER ZU EERPACH (sic!). 1529.“

Diese „*Veltinsglocke*“ war umgegossen worden und mußte im Ersten Weltkrieg zur Metallsammlung abgeliefert werden; sie kam nicht mehr zurück. - Eine gleiche Glocke (Zwilling) aus dem Jahr 1529 war im Schloßturm in Erbach aufgehängt und wurde von Graf Franz II. der Stadt Erbach

Gräflich Erbachisches Wappen über der Herrschaftsloge („Grafenstuhl") in der Reichelsheimer Kirche.

Die älteste Darstellung des Gräflich Erbachischen Wappens (14. Jh.) in der Reichelsheimer Kirche.

Mantelwappen der Grafen zu Erbach-Erbach über dem Triumphbogen in der Reichelsheimer Kirche.

Alter Ziehbrunnen auf der Oberburg von Schloß Reichenberg mit Allianzwappen Erbach/Pfalz; Jahreszahlen 1557 und 1567.

als „Graf-Franz-Glocke“ zur jährlichen Einläutung des Eulbacher Marktes/ Erbacher Wiesenmarktes geschenkt. Sie hängt jetzt im Dachgeschoß des Alten Rathauses in Erbach.

Im Spitzbogentor im Eingangsbereich der Burg Reichenberg zierte das Erbacher Wappen den Schlußstein. Nach Schäfer (1891) war es neueren Ursprungs. Heute ist hier ein bekrönter ovaler Wappenschild aus Eisen mit den Erbach-Wartenbergischen Zeichen angebracht. In der halbkreisförmigen Bekrönung des schönen Renaissance-Ziehbrunnens im Burghof erblickt man die Ehewappen von Erbach und Pfalz sowie die Jahreszahl 1557. Sie könnten nach Schäfer (1891) von einem früheren Bau stammen. *„Im lebhaften Vegetativschmuck der Wappenumrahmung wallen glückliche Nachklänge der Ornamentik aus Dürer's Zeit“*, meint Kunsthistoriker Georg Schäfer (1891).

Pranger mit Halseisen und Wappen der Herren von Erbach in Reichenbach.

Reichenbach

Über dem Sturz des rechteckigen Turmportals der evangelischen Pfarrkirche in Reichenbach steht eine Inschrift mit Chronostichon (Chronogramm), welches das Einweihungsdatum 1748 ergibt. Im Giebel prangt das Allianzwappen Erbach/Stolberg, wie wir es auch auf Schloß Schönberg antreffen (Nordflügel, 1729). Das Wappen weist auf den Bauherrn Georg August (1691 - 1758) und seine Gemahlin Ferdinande Henriette Gräfin zu Stolberg (gestorben 1750). Georg August ist der Stifter der jüngeren Linie zu Schönberg.

Allianzwappen Erbach/Stolberg über dem Turmportal der evangelischen Kirche in Reichenbach.

Rimbach

An der Ostseite des Turmes der Rimbacher evangelischen Pfarrkirche befindet sich über dem rechteckigen Portal in dessen Sturz in einem Sprenggiebel das Allianzwappen Erbach/Ysenburg-Büdingen. Der Erbauer der Kirche ist, wie die Inschrift verrät, „FRANZ CARL GRAF ZU ERBACH UND HERR ZU BREUBERG“. Er lebte von 1724 bis 1788 und war mit Auguste Karoline Gräfin zu Ysenburg und Büdingen (gestorben 1815) verheiratet. Eingeweiht wurde das Gotteshaus 1779.

Allianzwappen Erbach-Breuberg/ Ysenburg-Büdingen über dem Turmportal der evangelischen Kirche in Rimbach.

Schöllenbach

In der ehemaligen Wallfahrtskirche zu Schöllenbach sind noch Überreste der alten Gewölberippen erhalten, *„teils konsolenlos, teils hinter kleinen Schildchen aufstrebend, an denen die aufgemalten Wappen von Erbach und Hohenlohe ein sehr junges Datum verraten“* (Schäfer 1891). Der hier befindliche *„Schöllenbacher Altar“* mit dem Ehewappen Erbach-Wertheim kam zunächst (1601) in die Friedhofskapelle nach Erbach (1874), von dort in die neu geschaffene Hubertuskapelle im Schloß.

Schönberg

Am und im Schloß Schönberg bei Bensheim - nach ihm nennt sich die Erbacher Linie zu Erbach-Schönberg - trifft man mehrfach auf das Wappen des Geschlechtes von Erbach. Über dem Portal am Treppenturm befindet sich das Erbacher Sternenwappen, am Nordflügel zur Hofseite über dem rechteckigen Portal das Allianzwappen Erbach/Stolberg-Gedern aus dem Jahr 1729 (mit Chronogramm) und ein zweites Allianzwappen über dem östlichen Portal aus dem Jahr 1613, was damit dem Paar Georg Albrecht I. (1597 - 1647) und Anna Dorothea Schenkin von Limpurg zugewiesen werden kann. Über dem Tor zur Kernburg findet sich die Wappenkartusche des Johann Casimir zu Erbach-Schönberg aus dem Jahr 1624. Auch in den Innenräumen des heute von einer Knappschaft aus dem Ruhrgebiet genutzten Schlosses stößt der Besucher mehrfach auf den farbigen barocken Wappenschild Erbach-Breuberg.

Wappen am Treppenturm des Schönberger Schlosses (1510).

Grenzsteine

Der aufmerksame Beobachter, der durch den Lustgarten vor dem Marktplatz und Erbacher Schloß wandelt, erblickt einen nach hierher versetzten Grenzstein in urwüchsiger Form, einen grob behauenen mächtigen Findling mit den eingeschlagenen und modern aussehenden Großbuchstaben „G“ und „E“. Sie stehen für die Grafen Eberhard I. (1476 - 1539) und Georg I. (1438 - 1481). Obwohl diese Grenzsteine keine Sterne tragen, sind sie für uns interessant. Die Grafenbrüder Georg I. und Eberhard I. ließen diese Grenzsteine bei ihrer Landesteilung im Jahr 1544 setzen. Der erste erhielt damals die Zent Michelstadt, der zweite die Zenten Erbach und Beerfelden. Diese Grenzsteine gehören mit zu den ältesten im Odenwald.

Grenzsteine mit den drei Erbacher Grafensternen trifft man im Odenwaldkreis, bevorzugt naturgemäß an dessen Grenzen, häufig an. Je nach kunstfertigem Geschick des Steinmetzen sind diese Grenzsteine sehr unterschiedlich ausgefallen. An zahlreichen Grenzsteinen kann man deshalb auch die Handschrift einzelner Steinmetzen erkennen. Am häufigsten trifft man auf solche, die in einem einfachen Schild oder einem solchen mit geschwungener Randung - zumeist dem barocken Stil entsprechend - die drei Sterne im Verhältnis 2 : 1 aufweisen. Diese Sterne können erhaben aus dem Buntsandstein - er ist durchweg das Material dieser Grenzmarken - herausgearbeitet oder aber vertieft in diesen hineingeschlagen sein. Alle Sterne sind durchweg sechsstrahlig oder sechszackig. Seltener ist die vertiefte Form. Man kennt drei Variationen: einmal sind die Sterne nur durch einfache strichförmige Einkerbungen gekennzeichnet, zum anderen blütenblattähnlich als Sechsstrahl in Stein geschlagen. Die Strahlen sind dabei abgerundet und ähneln dadurch eher einer Blüte als einem Stern. Dieser ist sozusagen zu einer Rosette mutiert.

Ganz anders wirken diejenigen Grenzsteine, die ebenfalls vertiefte Sterne zeigen, deren Strahlen aber - wie üblich - spitz ausgezogen sind. Sie stehen an der Grenze zwischen der Ober-Mossauer Gemarkung und dem Reichenberger Forst. Eine sehr seltene Darstellung der Erbacher Grafensterne findet sich auf dem Grenzstein an der Gemarkungsgrenze von Gammelsbach. In je einer kreisförmigen Vertiefung sind die drei Sterne heraus-

Grenzsteine mit unterschiedlich gestalteten Sternen beziehungsweise variierendem Schild.

gearbeitet und die blattförmigen Strahlen rosettenartig zum Sechsstrahl vereinigt. Ganz selten kommt das Sternenbild auch in Vertretung eines einzelnen Sternes vor.

Neben dieser Form von Grenzsteinen gibt es solche, bei denen die Schildfläche vertieft, die Sterne aber mehr oder weniger exakt im Relief plastisch herausgearbeitet sind. Diese Form trifft man am häufigsten, wobei die Querteilung zur Abgrenzung von einem oberen und unteren Teil des Wappenschildes fehlen kann.

An der Ostgrenze des Odenwaldkreises, zwischen Fürth, Weschnitz und Hiltersklingen, Aschbach und Güttersbach/Olfen stehen sogenannte „*Abgelöststeine*". Sie tragen auf der einen Seite das Erbacher Sternenwappen, auf der anderen die Pfälzer Rauten, das Mainzer Rad und das Wort „*ABGELÖST*"; oft ist auch noch die Jahreszahl 1650 eingeschlagen. Diese „*Abgelöststeine*" haben eine interessante Geschichte, auf die hier allerdings nicht eingegangen werden kann. Es sind jedenfalls sehr sorgfältig behauene hohe Steine, welche die künstlerische Hand des Steinmetzen verraten.

Neben dem reinen Sternenwappen sieht man gelegentlich auch das Erbach-Breuberger Wappen auf Grenzsteinen, also die Kombination von Sternen und Doppelbalken im Geviert.

Im Eulbacher Park/Englischer Garten steht ein Grenzstein, der hierher sekundär versetzt ist. Im Schild mit geschwungener barocker Schildrandung stehen die Sterne nicht wie sonst im Verhältnis 2 : 1, sondern im Verhältnis 1 : 2. Hier hat sich der Steinmetz ganz offensichtlich vertan. Schildfuß und Schildhaupt sind richtig orientiert, so daß kein Zweifel am Verhauen des Steinmetzen besteht. Ein Kuriosum für den Odenwaldraum, denn dieser Grenzstein kommt nur noch einmal in ähnlicher Gestalt bei Olfen vor.

Grenzsteine sind Flurdenkmale und unterliegen dem Gesetz für Denkmalschutz. Auch in juristischem Sinn sind sie noch heute von Bedeutung, im Kataster sind sie eingetragen und gelten als Vermessungspunkte. Für Historiker und Geodäten sind sie von unschätzbarem Wert, sofern sie an ihrer ursprünglichen Stelle belassen werden. Das Zerstören oder Entfernen auch von „*nur*" historischen Grenzmalen ist strafbar. Grenzsteine sind in jedem Fall zu schützende Objekte.

Grenzsteine mit unterschiedlich gestaltetem Gräflich Erbachischen Wappen; Zeichnung Sigrid Benitz (1997).

Jeder ist aufgerufen, ein offenes Auge auf diese Kleinstdenkmäler der Fluren zu werfen, denn auch sie sind Kulturdenkmale. Für den Heimatfreund sind sie redende steinerne Zeugen, wie die Zeichen und Symbole, die sie tragen und wie die Wappen überhaupt. Viele Grenzsteine fristen oft im Verborgenen der Waldeinsamkeit ihr Dasein und wollen von uns neu entdeckt, enträtselt und entziffert werden.

Sternenschmuck in Gusseisen

Auch die kastenförmigen gußeisernen Schmucköfen der Odenwälder *„guten Stuben"* versah man gerne mit dem Erbacher Wappen und zeigte damit seine Verbundenheit mit dem Grafenhaus und der Grafschaft Erbach. In den Odenwälder Eisenhütten verarbeitete man Gußeisen zu Ofenplatten. Sie wurden zum Bau der beliebten Eisenöfen oder Kastenöfen verwendet; es waren die Schmucköfen der wohlhabenderen Familien. Häufig findet man - zunehmend in den Museen - Gußplatten solcher Öfen mit dem Erbach-Breubergischen Wappen. Im Brauereigasthof Schmucker in Ober-Mossau kann man noch einen solchen Ofen mit entsprechendem Wappen auf der vorderen Schmalseite des Ofenaufbaues sehen. Auch in anderen Fällen findet man das Erbach-Breubergische Wappen an der vorderen Schmalseite solcher Öfen. In Affolterbach wird von Privat noch eine solche einzelne wappengeschmückte Ofenplatte aufbewahrt.

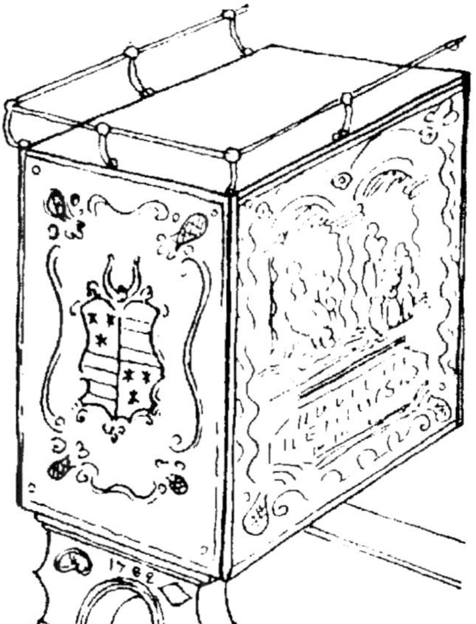

Odenwälder Kastenofen (Schmuckofen); aus Mößinger (1955).

Gußplatte mit dem Wappen Erbach-Breuberg vom Kastenofen in der Gaststube der Brauereigaststätte in Ober-Mossau.

Siegel mit dem Erbacher Grafenwappen aus verschiedenen Jahrhunderten; die Sterne kommen sechs-, sieben und achtstrahlig vor (aus Schneider, 1736).

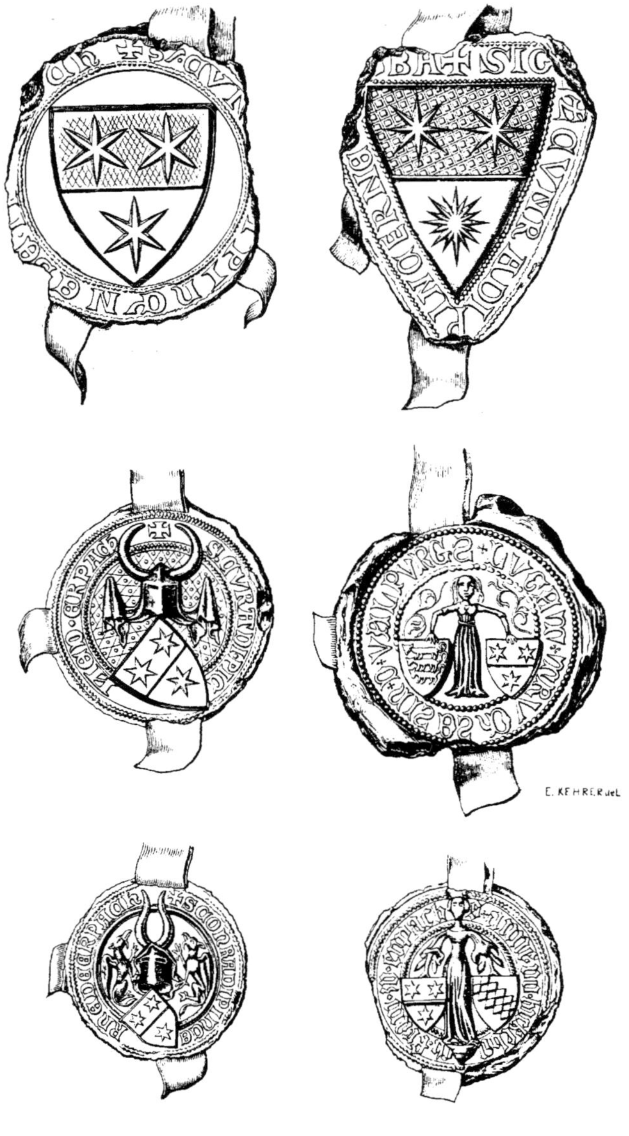

Siegel mit Sternenwappen verschiedener Jahrhunderte; die Sterne sind sechs- und mehrstrahlig gezeichnet (Zeichnung: Christian Kehrer, aus Simon, 1858).

Sonderprägungen (Nachprägungen) von Medaillen und Münzen der Grafen zu Erbach-Erbach.

Erbacher Münzen (Albi, Weißpfennige, Silbermünzen) mit dem Erbach-Breuberger Wappen.

Wasserzeichen

Wasserzeichen sind Belegstücke der Papierherstellung. Sie geben Auskunft über die Hersteller des Papiers, die Papierer, über Papiermühlen, deren Alter und deren Besitzer. Im heutigen Odenwaldkreis gab es im 18. und 19. Jahrhundert zahlreiche Papiermühlen, so je eine Papiermühle in Langen-Brombach, Zell, Unter-Mossau, Erbach, Lauerbach und Ober-Finkenbach.

Unter den Wasserzeichen befinden sich auch solche, die das Gräflich Erbachische Wappen zeigen. Insgesamt sind bislang sechs verschiedene solcher Wasserzeichen bekannt. Ihre Zeitstellung umfaßt die Jahre 1731 bis 1845.

Die Wasserzeichen bestehen aus Wappenschilden mit den drei Grafensternen sowie einer Helmzier (Vollwappen), dem Erbach-Breuberger Wappenschild, ebenfalls mit Helmzier, einem Wappenoval Erbach-Breuberg mit darübergesetzter Krone, dem Vollwappen Erbach-Breuberg mit zwei Löwen als Schildhalter und dem Wappenschild mit Krone aus dem Jahr 1769 nach der Wappenbesserung vom Jahr 1755 für Graf Georg Wilhelm zu Erbach-Erbach (1686 - 1757). Es handelt sich hierbei also um das Wappen seines Sohnes, Graf Franz I. zu Erbach-Erbach (1754 - 1823).

Schließlich ist auch noch ein Wasserzeichen bekannt, das nur die drei Sterne - ohne Wappenschild - zeigt. - Es ist das Verdienst von Heinz Reitz (1997), diese Wasserzeichen gesammelt und vergleichend gegenübergestellt zu haben.

Verschiedene Wasserzeichen von 1731 bis 1845 mit dem Wappen der Grafen zu Erbach.

Grabplatte für Schenk Konrad von Erbach († 1279); aus Simon (1858).

Grabplatte für Schenk Johann I. († 1296); aus Schneider (1736).

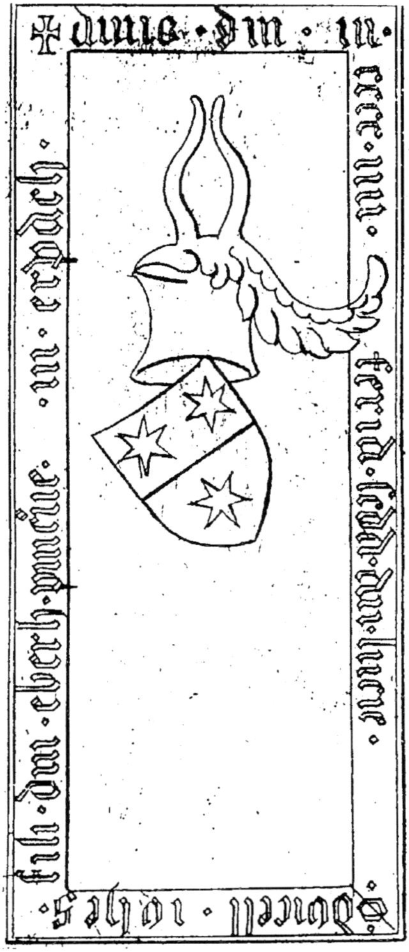

Grabplatte für Johannes VI. († 1404); aus Schneider (1736).

Grabplatte für Johannes VIII. († 1484), Sohn von Johannes V. von der Linie Erbach-Michelstadt und der Margarethe von Erbach-Fürstenau; aus Schneider (1736).

11. Ausdrucksstark: Bekenntnis zur Geschichte

Das Alt-Erbacher Stamm- und Sternenwappen (in älterer Literatur auch als *„gestirntes Wappen"* bezeichnet) hat im rotsilbern geteilten Schild drei (2 : 1) jeweils auf einem Zacken stehende Sterne in gewechselten Farben. Diese Erbacher Wappensterne kehren in den Gemeinde- und Stadtwappen des Odenwaldkreises wieder. Von 15 Großgemeinden (darunter fünf Städte) haben 13 mindestens einen Stern im Wappen: Breuberg und Brombachtal; zwei Sterne haben jeweils Bad König und Michelstadt im Wappen, desgleichen Mossautal, Fränkisch-Crumbach und Hesseneck, drei Sterne zeigen die Wappen von Beerfelden, Höchst, Reichelsheim, Sensbachtal und der Kreisstadt Erbach. Brensbach mit fünf Sternen bildet einen Ausnahmefall. Die Sterne sind übrigens alle sechsstrahlig. Die Farbkombination von Sternen und Untergrund verteilt sich wie folgt: Rot auf Silber: siebenmal, Silber auf Rot: dreimal, Rot auf Blau: einmal und Gold auf Blau: zweimal. Nur die Gemeinden Lützelbach und Rothenberg haben keinen Stern im Wappen.

Wappenbeschreibung

Die Wappenbeschreibung für die Gemeinden, die mindestens einen Stern im Wappenschild führen, lautet:

Bad König

In Silber ein schwarzes durchgehendes Kreuz, belegt mit einem goldenen Stamm, aus dem drei goldene Eichenblätter wachsen, die dem Kreuzesbalken aufliegen. Das Kreuz begleitet oben rechts und unten links je ein roter Stern.

Beerfelden

In Silber ein aufgerichteter schreitender schwarzer Bär, in den drei Schildecken je ein roter Stern.

Brensbach

In Silber ein rot-brennender blauer Bach, darüber fünf rote Sterne.

Breuberg

Schild durch ein aufgerichtetes silbernes Schwert mit goldenem Griff gespalten; rechts in Blau eine silberne, golden bebutzte Rose, links in Rot ein silberner sechszackiger Stern.

Brombachtal

Durch schwarzes Balkenkreuz viergeteilt, rechts oben sechsfach rot-silber geschacht, links oben sechsstrahliger roter Stern auf Silber, rechts unten rote Rose auf Silber, links unten zwei rote Balken auf Silber.

Erbach

In Rot ein blauer schrägrechter Bach, belegt mit drei roten Sternen.

Fränkisch-Crumbach

In Blau ein goldener Schrägbach, beseitet von je einem goldenen Stern.

Hesseneck

Auf Silber ein rotes Kreuz auf einem roten Bogen, begleitet von zwei roten Sternen.

Höchst

In Silber auf blauem Wellenbalken eine dreibogige steinerne rote Brücke, darüber zwei und darunter ein roter Stern.

Michelstadt

In von Blau und Gold geteiltem Schild oben zwei goldene Sterne nebeneinander.

Mossautal

Schild durch zwei kreuzende Diagonale geviertelt. Im ersten roten Wappenfeld steht das silberne Iroschottenkreuz. Es weist insgesamt zwölf Felder auf, die wiederum in vier Mittelfelder und acht Kreuzarmfelder aufgeteilt sind. Die silbernen Wappenfelder zwei und drei ziert ein roter sechsstrahliger, auf einem Zacken stehender Stern. Im vierten roten Feld steht das silberne Johanniterkreuz.

Reichelsheim

In Rot auf goldenem Boden unter drei silbernen Sternen drei goldene Eichbäume nebeneinander, dazwischen zwei goldene Eichenschößlinge.

Sensbachtal

In Rot und Grün gewellter silberner Schräglinksbalken, begleitet oben von einem silbernen Wagenrad, unten von drei silbernen Sternen.

Die beiden folgenden Wappen (Lützelbach und Rothenberg) sind hier nur deshalb aufgenommen, um eine Vollständigkeit der Kommunalwappen im Odenwaldkreis zu erreichen.

Lützelbach

In gespaltenem Schild rechts in Rot ein goldener blaugekrönter und bezungter Löwe, links in Silber und Blau geschachtet.

Rothenberg

In geteiltem Schild oben in Gold ein wachsender schwarzer Reichsadler, unten in Rot eine goldene Eichel, beseitet von je einer goldenen Hirschstange.

Wappenerklärung

Im folgenden beziehen wir uns bei der jeweiligen amtlichen Wappenerklärung nur auf die den Stern/die Sterne betreffende. Auch hier gehen wir bei der Auflistung der Gemeinden/Städte in alphabetischer Reihenfolge vor:

Bad König	Die beiden Sterne deuten auf jüngeren Erbachischen Besitz.
Beerfelden	Die Sterne entstammen dem Erbachischen Wappen.
Brensbach	Die Sterne dürften dem Erbacher Wappen entstammen.
Breuberg	Der Stern ist dem Wappen der Grafen von Erbach entlehnt.
Brombachtal	Der Stern ist wegen der Zugehörigkeit zu den Erbacher Landen gewählt.
Erbach	Die Sterne entstammen dem landesherrlichen Wappen.
Fränkisch-Crumbach	Woher die beiden Sterne kommen, ist unsicher. Nicht auszuschließen ist eine Identität mit den Erbacher Sternen. Ein Stern taucht in der Helmzier der Herren von Rodenstein auf. Er könnte *„sehr wohl auf eine frühe Verschwägerung beider Familien (Erbach-Rodenstein) hindeuten"* (Wolfert 1972). Möglicherweise wurde mit dem Stern der Rodensteiner eine Verwandtschaft mit den Schenken von Erbach heraldisch festgehalten. (Nur für die Wahl der Farben war beim Entwurf des

Ortswappens von Fränkisch-Crumbach angeblich das Wappen der Herren von Prettlack Vorbild. Andererseits führte aber auch der in Fränkisch-Crumbach ortsansässige Adel derer von Prettlack drei Sterne mit einem Halbmond im Wappen).

Hesseneck Dem Wappen der Grafen von Erbach entstammen die beiden roten Sterne auf Silber.

Höchst Die roten Sterne sind dem Stammwappen der Schenken und späteren Grafen von Erbach entnommen.

Michelstadt Die beiden Sterne sind dem Gräflich Erbachischen Wappen entlehnt.

Mossautal Es sind diese zwei Sterne die Erbacher Grafensterne.

Reichelsheim Die Sterne verweisen auf die Landesherrschaft der Grafen von Erbach.

Sensbachtal Die drei Sterne versinnbildlichen den innigen Zusammenhang mit der Geschichte der Grafen von Erbach.

Auch das Wappen des Odenwaldkreises zeigt drei (rote) Sterne auf goldenem Grund. In der Wappenbeschreibung heißt es unter anderem, daß mit den drei Sternen die geschichtliche Vergangenheit (die drei Sterne der Grafschaft Erbach) symbolisch zum Ausdruck gebracht werden soll.

Im Nachstehenden geben wir eine Übersicht über das Datum für die Genehmigung bzw. Verleihung der Wappen von Gemeinden und Städten im Odenwaldkreis:

Bad König	:	25.05.1927
Beerfelden	:	1560 / 11.06.1928
Brensbach	:	1827
Breuberg	:	02.07.1975
Brombachtal	:	19.03.1980
Erbach	:	10.12.1560
Fränkisch-Crumbach	:	15.09.1926
Hesseneck	:	08.06.1981
Höchst	:	1934
Lützelbach	:	05.07.1973
Michelstadt	:	18.03.1541
Mossautal	:	13.02.1979
Reichelsheim	:	28.05.1923
Rothenberg	:	16.07.1979
Sensbachtal	:	05.02.1981

Kreiswappen auf einer Stele vor dem Landratsamt.

Das Wappen des Odenwaldkreises wurde am 20. November 1956 verliehen. Die Wappenbeschreibung lautet: Eine schwarzbewurzelte Eiche auf goldenem Grund, umrahmt von drei sechsstrahligen roten Sternen. Im Jahr 1995, in dem die Kreisstadt Erbach das Jubiläum ihrer Ersterwähnung vor 900 Jahren feierte, wurde im Haupteingangsbereich des Landratsamtes in Erbach eine Sandsteinsäule aufgestellt, die das Kreiswappen ziert.Sie wurde von Bildhauermeister Thilo Schlicker aus Sensbachtal mit kunstvoller Hand geschaffen. 1997, im Jahr des Kreisjubiläums *„175 Jahre Odenwaldkreis"*, wurde im Eingangsbereich zur Kfz.-Zulassungsstelle im Neubau des Landratsamtes in Erbach eine vom Künstler Volker Preuß (Breuberg) geschaffene Tafel mit dem Kreiswappen in die Wand eingelassen.

Der Odenwaldkreis konnte 1997 das Jubiläum seines 175 jährigen Bestehens feiern. Die Geburtsstunde des Odenwaldkreises, bis 1972 *„Landkreis Erbach"*, schlug nämlich im Jahre 1822. Damals wurde für die Herrschaft Breuberg mit den Ämtern Habitzheim und König ein Landrats- und Landgerichtsbezirk Breuberg mit Sitz in Höchst im Odenwald und für die Gräflich Erbach-Erbach und Erbach-Fürstenauischen Ämter ein Landratsbezirk Erbach mit Sitz in Erbach geschaffen. Die ehemalige Herrschaft Breuberg, in die sich die Erbacher Grafen zur Hälfte teilten, und die Grafschaft Erbach ist größtenteils mit dem heutigen Odenwaldkreis identisch. Eine größere geographische Übereinstimmung und daraus erwachsene kulturgeschichtliche Kontinuität, Identität und Tradition seit dem frühen Mittelalter bis heute wird man nur schwerlich noch einmal finden. Schöner und treffender kann es eigentlich nicht mehr gesagt werden, wie dies die Wappenbegründung im Falle Sensbachtals tut, und diese Aussage steht für den gesamten Odenwaldkreis: *„Die drei Sterne versinnbildlichen den innigen Zusammenhang mit der Geschichte der Grafen von Erbach"*.

Auch in den Landkreisen Bergstraße und Darmstadt-Dieburg treffen wir die Erbacher Grafensterne an. Sie stehen symbolisch in folgenden Ortswappen: Alsbach-Hähnlein, Groß-Rohrheim, Langwaden, Lautertal, Reichenbach, Rimbach, Schönberg, Seeheim, Wilmshausen, Winterkasten, Zotzenbach und möglicherweise auch Erfelden (Kreis Groß-Gerau). Auch das Wappen von Lampertheim weist zwei Sterne auf, die aber als Ortszeichen gedeutet werden und nicht auf die Erbacher Grafensterne zurückzuführen sind.

Alsbach-Hähnlein

Langwaden

Lautertal

Reichenbach

Rimbach

Schönberg-Wilmshausen

Seeheim-Jugenheim

Zotzenbach

Auch zahlreiche bürgerliche Familien im heutigen Odenwaldkreis führen einen Stern oder mehrere Sterne in ihren Wappen, der/die an die ehemalige Grafschaft Erbach erinnern sollen, so beispielsweise die Familien Dönig, Glenz und Treusch.

In diesem Zusammenhang wird darauf hingewiesen, daß auch die Familien Kugelmann, Lein(e)weber, Rauschensteig und Woltz (deren Grabsteine teilweise an der Stadtkirche in Michelstadt stehen) den Stern in ihren Wappen führen. - Erinnert sei auch daran, daß die freiherrlichen Familien von Ochsenstein und von Zeitbos, die wir beim Städtelrundgang kennengelernt haben, je einen Stern in ihrem Wappen führen. Die Familie Wörner (Erbach) hat ebenfalls Sterne in ihrem Wappen. Ahnherr der Odenwälder Linie der Familien Wörner ist Christian Jakob Wörner, der um 1775 als Bierbrauer nach Erbach kam. Ein Wappen dieser Familie besteht schon seit 1610. Es zeigt neben zwei Ähren der Braugerste und einem Doppelhaken zwei goldene Sterne. Diese sind zwar nicht dem Wappen der Stadt Erbach mit den drei Sternen entlehnt, die ja wiederum auf die drei Sterne des gräflichen Hauses Erbach zurückgehen, verschmelzen aber wegen der langen Brautradition in Erbach zu einer untrennbaren Einheit. Diese Tradition wird - eingedenk einer großen Kulturtradition - erneut aufgegriffen dadurch, daß das Logo des Erbacher Brauhauses J. Wörner & Söhne KG ebenfalls drei Sterne zeigt, die somit geschichtlichen Bezug nehmen auf ein Ereignis, das rund 1000 Jahre zurückliegt, als nämlich die frühen Schenken von Erbach zuerst königliche, dann pfalzgräfliche Mundschenken im Odenwald wurden. Somit wird Tradition im Mythos der Sterne faßbar, im Symbol ihres Glanzes sichtbar und im Logo der Marke erlebbar.

12. Sternenhaft:
Wo man sonst noch auf die Sterne trifft

Im Jahr 828 ließ Einhard, Biograph und Baumeister Karl des Großen, die Reliquien der Heiligen Marcellinus und Petrus von der Einhardsbasilika in Michelstadt-Steinbach nach Seligenstadt in die dort von ihm neu erbaute größere Basilika bringen. Es war dies damals eine spektakuläre Reliquienprozession, der sich viele Menschen anschlossen. 1996 wurde der „*Einhardsweg*" rekonstruiert und als Wander- und Radfahrweg ausgeschildert.

In Seligenstadt verbrachte das Ehepaar Einhard und Imma seine letzten Lebenstage. Beide wurden im Kloster Seligenstadt begraben. Einhard, so will es die Überlieferung, soll ein Vorfahr der Herren von Erbach gewesen sein. So nimmt es nicht Wunder, daß nicht nur zwei Ölgemälde des16.oder 17. Jahrhunderts auch das Erbacher Sternenwappen zeigen (im Schloß Fürstenau und in der Prälatur der Abtei Seligenstadt). Auch im schmiedeeisernen Lettner, der Chorschranke, in der Basilika zu Seligenstadt, erblickt man, reich mit vergoldetem Rankenwerk und Krone verziert, das Alt-Erbacher Sternenwappen, desgleichen in einem Kanzelbehang, darüber eine stilisierte Silhouette des Klosters Seligenstadt.

Auch in der ehemaligen Klosterkirche in Meerholz (Main-Kinzig-Kreis) findet sich mehrfach das Wappen der Grafen zu Erbach: einmal in einem bunten Kirchenfenster, das Sternenwappen mit Grafenkrone und die

Das Erbacher Grafenwappen auf dem Gemälde „Einhard und Imma" im ehemaligen Klostergebäude in Seligenstadt.

Gräfliches Sternenwappen im schmiedeeisenen Lettner (Chorschranke) in der ehemaligen Abteikirche in Seligenstadt.

Umschrift „MARIA CHARLOTTE GRÄFIN ZU ERBACH" und zweimal auf in die Kirchenwand eingelassenen Grabsteinen (Erbach-Breuberger Wappen). Marie Charlotte (1631 - 1694) war die Gemahlin des Grafen Johann Ernst von Isenburg-Büdingen (verheiratet seit 1650); sie wurde dadurch zur Isenburgischen Stammutter. Nach ihr ist der *„Erbacher Hof"* in Büdingen-Büches genannt. Marie Charlotte ist die Tochter von Graf Georg Albrecht I. zu Erbach-Erbach (1597 - 1647). In der Folge gab es noch vier weitere Ehen von Angehörigen der Häuser Erbach und Isenburg-Büdingen: Franz Carl zu Erbach-Erbach (1724 - 1788) war mit Auguste Karoline Gräfin zu Isenburg und Büdingen verheiratet, Ferdinande zu Erbach-Schönberg (1784 - 1848) mit Ernst Casimir Fürst zu Isenburg und Büdingen, Charlotte Auguste zu Erbach-Erbach (1777 - 1846) mit Carl Friedrich Ludwig Moritz zu Isenburg und Büdingen zu Birstein und Gräfin Thekla zu Erbach-Fürstenau (geboren 1815) mit Casimir Fürst zu Isenburg und Büdingen.

Die Gemeinde *„Markt Eschau"* im Spessart führt in ihrem Wappenschild ebenfalls drei Sterne. Es sind die der Grafen zu Erbach. Die Wappenbeschreibung lautet: Schwarze Balkenwaage in Gold, darunter im durch einen Zinnenschnitt geteilten roten Feld drei silberne Sterne im Verhältnis 1 : 2. Eschau zählte früher zum Amt Wildenstein, das den Herren von Rieneck gehörte. Von diesen erbten es die Grafen von Erbach im Jahr 1561.

Auch an der evangelischen Pfarrkirche in Eschau sieht man über dem Haupteingang im Westen das - allerdings stark verwitterte - Wappen von Erbach-Breuberg. Diese Wappentafel im Stil der Renaissance scheint noch vom ersten Kirchenbau zu stammen und dürfte dem Grafen Georg II. zu Erbach-Erbach (1548 - 1606) zuzuordnen sein. Diese Vollwappenform ist selten und bislang nicht nochmals beobachtet worden. Ganz offensichtlich ist der Wappenstein im Halbrund des Portalbogens an dieser Stelle sekundär vermauert.

Die jetzige Kirche wurde im Jahr 1744 an Stelle der alten, die am Einstürzen war, neu erbaut. Bauherr ist der baufreudige Graf Georg Wilhelm zu Erbach-Erbach, der auch das Schloß zu Erbach (1736) neu erbauen und die Stadtkirche (1750) errichten ließ.

An dieser Stelle enden wir unsere Rundreise auf den Spuren der drei Sterne und kehren in den Odenwald und nach Erbach zurück, eingedenk der Tatsache, daß die Erbacher Grafensterne nicht nur über unserem Mittelgebirge strahlten, sondern ihren Glanz weit über dessen Grenzen hinaus getragen haben. Das Haus Erbach hat nicht nur seine Spuren im Hessenland hinterlassen, sondern auch in den angrenzenden Landesteilen der heutigen Republik, und das vorwiegend in Baden-Württemberg und in Bayern, Franken, Rheinland-Pfalz und Schwaben. Der Strahl ihrer Sterne erfaßte damit große Teile des heutigen Deutschlands und berührte gelegentlich sogar die Politik des Reiches, denn auch in der Wiener Hofburg und später in Berlin und Potsdam waren die drei guten Sterne aus Erbach nicht unbekannt.

Wappenstein mit dem Sternenwappen auf Burg Freienstein über Gammelsbach.

13. Dienstbar:
Von Schenken und Grafen

Zu Beginn des 13. Jahrhunderts wurde ein Sohn und eine Tochter des Schenken Gerhard I. (erwähnt 1221 - 1223) - er war Schenk am Hofe Königs Heinrich VII. - aus königlichem Eigentum in pfälzisches gegeben. Im Klartext: Gerhard I. war der letzte Schenk aus dem Hause Erbach bei einem deutschen König. Seine männlichen Erben und die seiner Nachfolger (unter Beachtung des Seniorats!) waren von da an Schenken der Pfalzgrafen bei Rhein in Heidelberg.

Zu Lebzeit von Schenk Gerhard I. war Ludwig von Wittelsbach Pfalzgraf in Heidelberg. *„Seit dieser Zeit führen die Herren von Erbach ihren Schenkentitel nur als Inhaber des entsprechenden pfälzischen Hofamtes. Ihren Rang als königliche, also hohe Ministeriale haben sie dabei offensichtlich nicht eingebüßt“* (Becher 1980). Gestützt wird diese Feststellung durch die Eheverbindungen des Hauses Erbach mit Angehörigen des hohen Adels. Seit Gerhard I. bekleidet der jeweils Sippenälteste (Senior) das pfälzische Schenkenamt (Seniorat). Einen königlichen Schenken wie es vielleicht schon Eberhard II. gewesen sein könnte, hat es aus dem Hause Erbach nicht mehr gegeben. Simon (1858) vermutet, daß Erbacher schon vor 1223 Reichsschenken am Rhein oder in Franken gewesen sind und daß das Verhältnis der Erbacher zum Reich vielleicht älter ist als die Geschichte ihres Hauses im Odenwald.

Die Herren von Erbach nannten sich bis zur Auflösung des alten Reiches (1806) *„Schenk von Erbach“* und fungierten als Mundschenken am pfälzischen Hof in Heidelberg. Das Schenkenamt war ein Hofamt, das von Reichsministerialen als Beamte im Dienst des Königs (Königsschenk, Reichsschenk) oder beispielsweise am Hof der Pfalzgrafen, Fürsten, Herzöge, Land- und Markgrafen oder Fürst- und Erzbischöfe ausgeführt wurde. Die weltlichen und kirchlichen Hofämter waren: (Erz-) Truchseß, (Reichs-) Marschall, (Reichs-) Kämmerer, (Reichs-) Mundschenk und (Erz-) Kanzler. *„Die höheren Ministerialen (d.h. Mitglieder des hohen Adels, also Beamte) waren es, welche die vier höchsten Erbämter an den Höfen bekleideten. Diese waren:*

1. *Der Marschall, zuerst der Aufseher über den wichtigsten Teil der Kriegsführung, über die fürstlichen Rosse. Er wurde später der Führer des Heeres, der Ritterschaft.*
2. *Der Kämmerer war der Wächter der Schätze und Einkünfte seines Herrn und Aufseher über die Hofhaltung.*
3. *Der Schenk sorgte für das Getränke und hatte die Becher bei Tische zu credenzen.*
4. *Der Truchseß hatte für die Speisen und die Herbeischaffung alles dahin Einschlagenden zu sorgen.*

Diese Ämter waren ehrenvoll und selbst mächtige Fürsten führten diese Titel“ (Simon 1858).

So begleiteten auch die vier weltlichen Kurfürsten formell die vier Hofämter beim Kaiser (König).

Der Pfalzgraf bei Rhein (in Heidelberg) war beispielsweise Erztruchseß und trug dem König die ersten Schüsseln auf; der Herzog von Sachsen war Reichsmarschall und trug das Schwert des Königs; der Markgraf von Brandenburg war Reichskämmerer und reichte dem König das Wasser; der König von Böhmen war Reichsmundschenk und kredenzte dem König den ersten Becher Wein.

Als Schenken *(„pincerna“, lat. = Mundschenk)* versahen die Herren von Erbach das Hofamt des Mundschenken am pfälzischen Hof in Heidelberg. Johannes I. von Erbach (bezeugt 1277 - 1296) nannte sich *„Nobilis pincerna, dictus de Erpach“*. Im Jahr 1382 - um urkundliche Belege zum Schenkenamt zu nennen - entschied Pfalzgraf Ruprecht, daß allezeit der Älteste aus dem Hause Erbach das Schenkenamt versehen soll. Es bestand also ein Seniorat. Simon (1858) schreibt: *„Das älteste männliche Glied des Hauses hatte bei feierlichen Gelegenheiten das Schenkenamt zu verwalten"*. Eberhard V. (*„der Ältere"*), der älteste unter den Schenken von Erbach (ab 1307, gestorben 1327), nannte sich gewöhnlich *„Eberhard der Schenke von Erpach"*. 1443 belehnte Pfalzgraf Ludwig Schenk Konrad von Erbach (1425 - 1460) mit dem Erbschenkenamt des Pfalzgrafen, desgleichen Schenk Phi-lipp von Erbach (1430 - 1477). 1475 war Schenk Philipp Senior des Erbachischen Hauses. Am 27. Januar dieses Jahres nahm er an der Beerdigung des Kurfürsten Friedrich des Siegreichen, Pfalzgraf zu Heidelberg, teil, wo er mit den Grafen Johann und Michael II. von Wertheim, Kraft von Hohenlohe, dem Rheingrafen Johann und einem Herrn von Eppstein*„bei Tische diente"*, also sein Schenkenamt verwaltete. In späterer Zeit kam das Erbschenkenamt, das ohnehin seit langem seine frühere Bedeutung verloren hatte, nur noch in Lehnbriefen vor.

Vornehme Familien stellten sich für die Hofämter zur Verfügung. So waren die Rheingrafen Erbmarschälle, die Herren von Alzey Erbtruchsesse am pfälzischen Hof in Heidelberg. Auch hier fanden sich die Erbacher also in bester Gesellschaft.

Im Jahr 1531 wurde Schenk Eberhard XIII. (1476 - 1539) Herr des ganzen Erbachischen Landes. Das war Grund, bei Kaiser Karl V. für sein Haus die Reichsgrafenwürde zu erreichen. Die Erhebung des Hauses Erbach in den Reichsgrafenstand erfolgte am 15. August 1532 in Regensburg. *„Nach Erwerbung der Grafenwürde führten die Erbacher noch eine Zeitlang den Schenkentitel fort, vom 17. Jahrhundert an ließen sie denselben mit dem Amte selbst fallen"* (Simon 1858).

„Dem Wesen nach waren die Erbacher als Dynasten und Stände des Reiches vorher im Grunde dasselbe, was sie jetzt wurden. Sie erlangten durch die Erteilung der Grafenwürde kein einziges Recht, was sie nicht vorher schon besessen hätten. Es handelte sich im Grunde nicht um eine eigentliche Standeserhöhung, sondern um einen Titel" (Simon 1858). Schon in einer Urkunde von 1515 heißt das Territorium der Herren von Erbach *„Grafschaft"*. - Am 4. Mai 1541 erhielten die Grafen Georg und Eberhard von Erbach von Kaiser Karl V. das Privileg, Münzen zu schlagen (Münzrecht). Die erste Münzstät-

te der Grafschaft befand sich im Schloß Fürstenau in Michelstadt-Steinbach.

14. Ungeteilt
Die Grafschaft Erbach

Die Grafschaft Erbach war ein Land, das zeitweise höchstens drei verschiedene Nutznießer hatte. Dem Reich gegenüber gab es immer nur eine Grafschaft Erbach, deren Rechte der jeweilige Senior des Hauses vertrat. Die Teilung des Erbacher Landes, der Grafschaft, war so geregelt, daß der älteste Sohn *„nach dem im Erbachischen Hause seit uralten Zeiten herkömmlichen Gebrauche“* (Simon 1858) den größten Anteil bekam. Im Jahr 1544 wurde festgelegt, daß die Grafschaft Erbach *„zu ewigen Zeiten ungeteilt und unzertrennt bestehen solle“*. Nur nutzungsrechtlich (keine Grund- oder Landes- sondern Nutzungsteilung) sollte eine Aufteilung unter den Erben erfolgen können. Weiter wurde bestimmt, daß die weiblichen Nachkommen auf Ansprüche an die Herrschaft verzichten sollten. Mitte des 18. Jahrhunderts führten alle drei Linien die Primogenitur-Ordnung ein (Erbach-Erbach, Erbach-Fürstenau, Erbach-Schönberg), die vom Kaiser bestätigt wurde. Danach wird nur der älteste Sohn Erbe des Landes, die nachgeborenen Söhne erhalten eine Abfindung.

Noch um 1250 war das Erbacher Land in einer Hand, in der des Sohnes von Gerhard I., der urkundlich als *„Der Schenk von Erbach“* (vor 1247, gestorben 1251) auftritt. Der älteste Sohn Eberhard III. (1251 - 1273 erwähnt) übernahm die Regierung der Michelstädter Besitzhälfte zusammen mit der Burg Reichenberg. Der zweite Sohn, Konrad I. (erwähnt 1251 - 1290), erhielt Erbach und den gesamten südlichen Teil des alten Pfalz-Lorscher Lehens um Beerfelden mit Burg Freienstein. Die Stammlinie Reichenberg zweigte später noch einen besonderen Ast „*Michelstadt*“ ab. Die Reichenberger Linie kam in den Besitz von Fürstenau.

Am Ende des Mittelalters gab es drei Linien: zu Reichenberg-Fürstenau (blüht noch !), zu Michelstadt (erloschen 1531) und zu Erbach (erloschen 1503). Nach dem Erlöschen der älteren Erbacher Hauptlinie und des Michelstädter Astes konnte Schenk Eberhard XIII. (Graf I.) - 1470 bis 1539 - von der Fürstenauer Linie das Erbacher Territorium wieder in einer Hand vereinigen. Er ist damit Stammvater aller späteren Grafen von Erbach. Im Jahr 1731 wiederholte sich der Zustand von um 1500: Alle Linien waren erloschen bis auf die Linie zu Fürstenau; erneut wurde sie zum Ausgangspunkt von drei Linien, die heute noch bestehen: die ältere Linie zu Erbach-Fürstenau, die mittlere Linie zu Erbach-Erbach und die jüngere Linie zu Erbach-Schönberg. Letztere wurde 1903 durch Großherzog Ernst Ludwig von Hessen in den Fürstenstand erhoben. - Die Grenzen der ehemaligen Grafschaft Erbach decken sich in etwa mit denen des heutigen Odenwaldkreises.

Wappen der Grafen zu Erbach-Erbach und zu Wartenberg-Roth.

15. Befestigt: Burg und Schloss

„*Im oberen Mümlingtale liegt inmitten großer landschaftlicher Schönheiten die alte Stadt Erbach, die ehrwürdige Residenz der Grafen zu Erbach. Ihr Schloß könnte viel erzählen vom Ruhm und glänzenden Zeiten, aber auch von Belagerung und Kriegsnöten*“, schreibt der Odenwalddichter Karl Schäfer in seinen „*Odenwaldgeschichten*“ (1908).

Die Herren von Erbach hatten sich auf einer Mümlinginsel, unweit der Siedlung Dorf-Erbach, eine Burg erbaut, wonach sie sich benannten. Die Anlage dieser Tief- oder Wasserburg erfolgte wohl im königlich-kaiserlichen Auftrag, was auch mit der vermuteten Reichsministerialität der Alt-Erbacher in Einklang zu stehen scheint. Im Jahr 1303 wird die Burg Erbach zum ersten Mal urkundlich genannt; 1321 kommen dann Burg, Stadt und Dorf-Erbach nebeneinander vor. Der älteste sichtbare Bauteil des Erbacher Schlosses ist der eindrucksvolle, 67 Meter hohe Bergfried oder Schloßturm mit seinen mächtigen Buckelquadern. Er galt lange Zeit als der einzige Überrest der alten Wasserburg, die 1736 verschwand. An deren Stelle trat der Hauptbau des jetzigen Schlosses. Der Turm scheint - was auch baugeschichtliche Untersuchungen belegen - zwischen 1170 und 1180 erbaut worden zu sein und zwar im Zuge der staufischen Reichserneuerung durch Friedrich I. Barbarossa (1125 - 1190). Quaderbearbeitung und Steinmetzzeichen lassen diesen Schluß zu. Wagenknecht (1995) folgert: *„Es kommen als Erbauer nur die Reichsministerialen (als Königsschenken oder Reichsschenken), die Herren von Erbach in Frage. Wahrscheinlich war es Eberhard II., welcher noch im Jahr 1184 urkundet"*. Die staufische Burgenbaupolitik ließ im weiteren Umkreis neben der Erbacher Wasserburg auch die Burgen Wildenberg und Eberbach (beide 1170), Babenhausen (1175), Gelnhausen (vor 1170), Münzenberg (1160) und Kalsmunt/Wetzlar (1150) entstehen.

Von der alten Erbacher Wasserburg haben sich einige wenige Bilder im Schloß der Grafen erhalten, unter anderem das sogenannte Kroatenbild aus dem Jahr 1622 (Überfall auf das Schloß durch Kroaten am 23. Juni 1622), einige weitere Gemälde in der Hubertuskapelle des Schlosses und eine Zeichnung von 1620. Das vermutlich älteste Bild vom Erbacher Schloß stammt aus 1599.

Die auf den Gemälden festgehaltene Renaissance-Burg erhob sich damals noch weitgehend auf den ursprünglichen Grundmauern. Das Burggebäude erfuhr nach 1622 lediglich noch Veränderungen durch Stockwerkerhöhungen.

Die auf den erwähnten Bildern überlieferte Burg Erbach hatte indessen einen Vorgänger, der wohl von dem ersten urkundlich nachweisbaren Herrn von Erbach, Eberhard I. (1148 als bereits verstorben bezeichnet), bewohnt war. Von dieser anzunehmenden Kleinburg (Turmburg) aus spätsalischer Zeit mit einem von Wall und Graben umgebenen Wohnturm gab es sogar noch ein steinernes Zeugnis, eine zwischen 1970 und 1974 verschwundene frühromanische Säule, die vielleicht zu einer um 1095 erbauten angenommenen Kapelle der ersten romanischen Burganlage gehörte. Bauurkundlich ist bezeugt, daß die Vorläuferanlage des heutigen Schlosses, die in Bildern überlieferte Renaissance-Burg, 1500 bis 1570 grundlegend auf älteren Fundamenten erneuert wurde. Diesen allerersten *„burglichen Bau"* datiert Wagenknecht (1995) auf das Jahr 1090.

„Die Bestandteile der alten Burg bildeten eine fast kreisförmige Gebäudegruppe, welche auf allen Seiten von einem Wassergraben (gespeist von der Mümling) umflossen war" (Schäfer 1891). Die Wohngebäude (Palas) und Wirtschaftsgebäude gruppierten sich um den Bergfried im Zentrum der Anlage. Sowohl der Innenhof der Burg, als auch der sie umgebende Wasser-

graben war von einer Mauer umgeben, in die vier Wehrtürme eingebunden waren. Dazu kam ein Torturm mit Zugbrücke, ein Zwinger und die Vorburg. An diese schloß sich das sognannte Städtel an. Der Burgbrunnen befand sich inmitten des Burghofes, unweit des Bergfriedes. Die Kapelle stand in unmittelbarer Nähe des Torturmes, was ebenfalls für eine staufische Anlage der ersten Erbacher Burg spricht.

Diese Wasserburg fand eine grundlegende Umgestaltung im Jahr 1736 durch den Grafen Georg Wilhelm (1686 - 1757). An ihre Stelle trat ein repräsentativer Neubau, das heutige Schloß. Das Gesicht der alten Wasserburg ging damals völlig verloren, alle Wassergräben (Ringgraben) wurden zugeschüttet, Wälle eingeebnet, die Ringmauer mit den Zwischentürmen niedergelegt, desgleichen die Zwingermauer und die Grabenmauer als äußerer Bering. Dafür entstand ein langgestrecktes, in südöstliche Richtung orientiertes Schloßgebäude mit repräsentativer Front und zwanzig Fensterachsen zum Marktplatz hin, der zugleich auch Schloßplatz wurde. Der alte Bergfried wurde in die neue dreigeschossige Bausubstanz eingebunden und diente ab diesem Zeitpunkt im unteren Teil als Treppenhaus. Bei der neuen Konzeption waren Verteidigungsaufgaben der baulichen Anlage nicht mehr gefragt; einzig und allein ging es um die Repräsentation.

Die schon 1722 errichtete Orangerie mit Lustgarten (später Ziergarten) gegenüber dem Schloß, der im klassischen Stil erbaute Marstall (frühere Schloßmühle), der Marktbrunnen, das Denkmal für Graf Franz I., die Rathausfront, die Mümlingbrücke, das Fachwerkgebäude des alten Brauhauses und der Turm der Stadtkirche bilden als Ensemble nicht nur *„eine eindrucksvolle herrschaftliche Szenerie“* (Becher 1980) der einstigen Residenz, sondern diese Baugruppe hat auch seinen romantischen Charakter und seine imponierende Ausstrahlung bis in unsere Tage hinüberretten können.

Wenn auch von der einstigen gräflichen Herrlichkeit nicht viel übrig geblieben ist, so ist es doch die eindrucksvolle Kulisse der baulichen Hinterlassenschaft, die neben ihrer Ästhetik und Anmut auch zur Erinnerung an die Geschichte des Hauses Erbach Veranlassung gibt. - Um es noch deutlicher werden zu lassen: Unter der schönen architektonischen Oberfläche verbergen sich viele aktiv-schöpfende Kräfte; da wie dort: gräfliche und bürgerliche, im Grafenhaus, in der Stadtkirche und im Rathaus. Oft haben sie über die Grenzen der Grafschaft hinausgewirkt.

Das unstreitbar eindeutige Wahrzeichen Erbachs, das schon von ferne den Besucher begrüßt, ist und bleibt indessen der über 800 Jahre alte Bergfried mit Helm von 1497 oder Schloßturm der alten Burg Erbach. Ihm zur Seite stellt sich - zumindest in seiner Bedeutung - ebenbürtig der Turm der 1747 bis 1750 erbauten Stadtkirche.

Bauphasen des Erbacher Schlosses:

1. Kleinburg, Turmburg, „Motte"; frühromanisch, salisch, erbaut um 1090.
2. Wasserburg, Tiefburg, romanisch, staufisch, um 1170 bis 1180;
3. Burg/Schloß, Renaissance, Umbauzeit: 1500 bis 1570; nach 1622 Stockwerkerhöhung.
4. Schloß, barock, 1736, grundlegender Umbau, Erweiterung, 1902 nach Entwürfen des Grafen Arthur zu Erbach-Erbach (1849 - 1908) im Barockstil architektonisch vollendet.
5. Grundlegende Außenrenovierung der Schloßanlagen: 1995/96.

16. Wehrhaft:
Vom Städtel zur Stadt

Die Geschichte des Erbacher Städtels - der Keimzelle der Stadt - mit seinen Befestigungsanlagen und Burgmannenhäusern beschrieb als erster sehr sorgfältig Graf Ernst zu Erbach-Erbach (1845 - 1889). Er berief sich dabei auf die Zimmersche Chronik, die durch Graf Wilhelm Werner von Zimmern (Speyer) im Jahr 1550 beendet wurde, und ergänzt diese auf der Grundlage seines eigenen Archivs. Danach war das Städtchen (Altstadt, Städtel) ummauert und auf drei Seiten vom Wasser der Mümling umgeben. Die Abzweige der Mümling hießen Stadt- und Schloßgraben. Südlich grenzte das Städtel an die Außenmauer des Schlosses, der früheren Wasserburg. Später wurde der Stadtgraben eingeebnet, auf ihm entstanden Gärten. „*Während die Westseite der Stadtmauer mit Häusern bebaut war, bekrönten die nördliche und östliche Seite fünf Mauertürme*“, schreibt Graf Ernst zu Erbach-Erbach (1886).

1. In seiner ursprünglichen Gestalt besteht noch einer, und zwar an der nordwestlichen Ecke (am späteren Reibnitzschen Hof, heute Städtel 32, evangelischer Kindergarten).
2. Ein ähnlicher befand sich an derselben Mauerseite an der Mümling, also in östlicher Richtung des Mauerzuges. Es war ein Pfortenturm und gehörte im 15. Jahrhundert zum Burgsess (Burgsitz) der Vasallen von

Angersbach (früher Färber Glenz, heute Städtel 7, hinter dem Optikergeschäft *„Brillen-Walther“* (Inhaber Ernst-Dieter Geißler) an der Mümling, heute Brückenstraße 2.

3. Zwischen beiden genannten Mauertürmen befand sich ein weiterer Mauerturm. Es ist das heutige Tempelhaus (seit 1854 Frauenhospital, seit 1886 Erasmusstift, davor, bis 1822, war das Tempelhaus Amtshaus des Amtes Erbach).
4. Ein kleines Ecktürmchen stand an der Mümling dort, wo das Rathaus und das Anwesen Städtel 1 zusammentreffen, am Burgsitz der Kotwitz von Aulenbach.
5. In der Mitte dieser zwei kleinen Türmchen stand in der Mümling noch ein großer Stadtturm. Er wurde 1370 zum Turm der damals erbauten Kapelle. Als die Kapelle 1747 verschwand, blieb nur der Turm stehen. Er bildet heute die Sakristei der heutigen Stadtkirche.
6. Der sechste Turm schließlich stand über dem Tor oder der Pforte zum Städtel.
7. Ein siebter und letzter Städtelturm stand dort, wo sich die *„Habermannsburg“* befindet (Städtel 26).

Von den Städteltürmen kann man noch Reste aufspüren; Teile des Mauerwerks verraten ihre einstige Existenz, so im Falle der Türme 1, 3, 4, 5 und 6. Es ist eigentlich nur Turm 2, der Torturm Ecke Hauptstraße/Brükkenstraße, völlig verschwunden.

„Alle diese Türme und Türmchen, verbunden mit dem Turm vom Schloß und einigen weiteren turmartigen Ausbauungen an der Schloßgrabenmauer mögen im Mittelalter samt den spitzgiebeligen Häusern der Stadt Erbach ein malerisches, echtes historisches Ansehen geliehen haben“ (Graf Ernst zu Erbach-Erbach, 1886).

Das Städtel, die alte Burgsiedlung, bestand ursprünglich nur aus sechs, später außer einer Kapelle und eines Wohnhauses für den Pfarrer nur aus zwölf Wohnungen der Erbacher Vasallen (adlige Wohnsitze). 1886, also vor hundert Jahren, gab es gerade einmal 19 Häuser im Städtel.

1321 wird neben dem *„castrum Erbach“* (Burg Erbach) erstmals die *„Stat Erbach“*, also das *„Städtel“* genannt. Es war anfangs nichts mehr als die Zusammenfassung von Burgmannenhäusern. Jeder der hier in diesem Sied-

Wehrturm am Schloßgraben; Zeichnung Gertraude Mohr.

lungsbereich gebündelten Vasallensitze der Burgmannschaft hatte im Ernstfall einen ganz bestimmten Mauerabschnitt zu verteidigen. Dazu kamen noch Gebäude für Handwerker und Betreiber von Kleingewerbe.

Becher (1980) nutzt die Beschreibung der Entstehung des Städtels zur Erörterung der strategischen und militärischen Bedeutung der Burg- und Städtelanlage Erbach. Nach seiner Auffassung war die Burg Erbach eine Geleitfestung im Rahmen der königlich-staufischen und frühen pfalzgräflichen Strategie. Die *„Sumpfburg Erbach"* - Becher nannte sie einmal *„Polizeistation"* - lag diesbezüglich günstig sowohl an einer Nord-Süd- (Frankfurt-Hanau/Gelnhausen) als auch an einer West-Ost-Verbindung (Worms-Würzburg). Grund und Boden dieser Wasserburg war sicherlich Allodialbesitz (Eigentum) wie ja auch einige Höfe der Schenken von Erbach in Dorf-Erbach. *„In solchem Zusammenhang dürften wir die Wurzel zur Gründung der 'Herrschaft Erbach' und zum Aufstieg ihres Herrengeschlechts suchen müssen"* (Becher 1980). Es war also das bei den Herren von Erbach liegende Geleitrecht, welches das Geschlecht auch in politisch widrigen Zeiten alle Hürden nehmen ließ.

Das Städtel hatte ursprünglich nur zwei Torzugänge, im Nordosten (Unteres Tor, zur heutigen Brückenstraße) und Südosten (Oberes Tor, heute Städtelbogen, zum Marktplatz). Erst viel später, im 15. Jahrhundert, wurde im Norden ein drittes Tor geschaffen. Die einzelnen Burgsitze im Städtel, die mit adligen Vasallen (Lehnsleuten) oder Burgmännern, adlige Verteidiger der Burgsiedlung, können wie folgt lokalisiert werden:

1. Burgsitz (Burgmannsitz, Burgseß) an der Stelle des heutigen Rathauses. Er gehörte den Vasallen *„von Schöllenbach"* und kam später an die *„von Hochhausen"*, dann an die *„Kottwitz von Aulenbach"*. Nach deren Erlöschen ging der Burgsitz an die Herrschaft zurück. Dort wurde das Rathaus erbaut (1545).
2. Der zweite Burgsitz lag nördlich vom ersten, unmittelbar an der Mümling. Er gehörte den Rittern *„von Eicholzheim"*. Es folgten die Herren *„von Habern" („vom Habern")*. Diese zogen auf den sechsten Burgsitz, da an dieser Stelle eine Kapelle für die Städtelbewohner gebaut wurde. Später entstand hier die heutige Stadtkirche (1748-1750).
3. Der dritte Burgmannsitz deckte das Untertor an der heutigen Ecke

Hauptstraße/ Brückenstraße (hinter dem Optikergeschäft Städtel 7). Hier saßen die *„Echter"*. Ihnen folgten die *„von Angersbach"* (*„Snelrad"*).

4. Der vierte Burgsitz lag in der Mitte der nördlichen Städtelmauer und deckte den Turm, der später im jetzigen Tempelhaus aufgegangen ist. Hier saßen die *„Echter"* der jüngeren Linie. Als dieses Geschlecht im 17. Jahrhundert erlosch, fiel es an die Herrschaft zurück.
5. Der fünfte Burgsitz deckte den Turm an der Nordwestecke der Städtelmauer (heute Städtel 32). Hier saßen die Burgmannen *„Pavey"* (*„Paffe"*, *„Bavei"*, *„Baffei"*). Es folgten ihnen die Familien *„Rabenold von Ernsthofen"* und *„Gans von Otzberg"*. Danach fiel ihr Lehen an die Herren von Erbach zurück.
6. Der sechste und letzte der alten Burgsitze lag dort, wo sich Städtelmauer und Schloßmauer berühren. Heute nennt sich dieses Anwesen *„Habermannsburg"* (Städtel 26). Hier saßen die *„vom Habern"* (*„von Habern"*), zuvor die *„Cunz von Brensbach"*.

Später kamen zeitweise weitere Burgsitze hinzu. Ihre Inhaber standen jedoch nicht in der Verpflichtung, Mauerabschnitte, Türme oder Tore des Städtels zu verteidigen.

Eine besondere Erwähnung verdient das sogenannte Tempelhaus im Städtel, dort, wo die Erasmuspforte in das Städtel weist. Der massive Steinbau mit den beiden eindrucksvollen Treppengiebeln ist wohl das älteste Gebäude im Städtel und fast noch ganz in seiner ursprünglichen Gestalt erhalten. Es ist inzwischen zum Europa-Denkmal gekürt worden.

Gräfin Louise zu Erbach-Erbach (1819 - 1894) richtete in diesem Haus 1853 ein Krankenhaus ein. Nach dem Spital wurde 1883 ein Altersheim für Männer gegründet, das Erasmusstift, benannt nach dem Erbgrafen Erasmus zu Erbach-Erbach (1883 - 1920). 1886 kam zur Siechenstation für Männer noch ein Altersheim für Frauen hinzu, so daß sich jetzt die Einrichtung Louisen- und Erasmusstift nennt. Nach 1920 diente das Haus noch weiteren sozialen und caritativen Einrichtungen, unter anderem auch dem Deutschen Roten Kreuz. 1961 wurde das Luisen- und Erasmusstift geschlossen. Heute steht es leer und harrt einer neuen Nutzung und Restaurierung.

Städtelbogen; Zeichnung Gertraude Mohr.

Bis zur Auflösung des Amtes Erbach im Jahre 1822 war das Tempelhaus Amtshaus. Im ausgehenden Mittelalter gehörte das Tempelhaus der Burgmannenfamilie Echter von Mespelbrunn, die es wohl als allodiales Eigentum besaßen (Graf Ernst, 1886). Immer wieder wird das Tempelhaus in Verbindung mit dem Tempelorden oder Templerorden gebracht. Es gibt keine Urkunde, keinen Beleg dafür, daß hier einstmals dieser christliche Ritterorden saß und daß der 1318 aufgelöste Orden auch in Erbach von den Johannitern *„beerbt"* wurde. Wie dem auch sei, das Tempelhaus gehört nach dem Schloß zu den beachtenswertesten Bauten in Erbach und darüber hinaus im gesamten Odenwald.

Vom Städtel aus nahm dann Erbach seine weitere räumliche Ausdehnung und wirtschaftliche Entwicklung. Der Rathausbau (1545 - 1596) und die Verleihung eines Stadtwappens (1560) sind weitere frühe Etappen in der Entwicklung zur heutigen Stadt. Im 16. Jahrhundert wurden auch der Marktplatz und der Lustgarten angelegt. 1572 schließlich wurde der Rechtsstatus der Erbacher Stadtbürger festgelegt. Erbach wuchs in verschiedene Richtungen. Es wurde nach der Residenzstadt Amts- und Beamtenstadt. Die Hauptstraße wurde erste Geschäftsstraße, es folgte die Brückenstraße und die Martin-Luther-Straße. Am nördlichen Ende der Hauptstraße entstand um die Jahrhundertwende (1904) das Landratsamt. *„Die staatlichen Hoheitsfunktionen haben sich vom Schloß hierher verlagert"* (Becher 1970). In Erbach haben sich verschiedene strukturelle Komplexe und funktionale Zentren entwickelt. Zum historischen Schloßbereich sind Wiesenmarktsgelände mit Landratsamt, Postamt, Festhalle, Zollamt, ehemaligen Militärbauten und Mittelpunktsschule getreten. Ein anderer Konzentrationsraum ist der um das Kreiskrankenhaus, und der jüngste Kristallisationspunkt geschäftlicher Entwicklung ist in der Siemensstraße zu sehen. So verbindet Erbach siedlungsgeographische Schwerpunkte zu einem einheitlichen Ganzen: Von der Wasserburg über das Städtel zur Residenz und Kreisstadt - und vor allem zu einem wichtigen wirtschaftlichen Mittelpunkt und zum Einkaufszentrum für das ländliche Umfeld im oberen und mittleren Mümlingtal.

17. Rechtschaffen:
Im Dienst des Kaisers

In Konflikt mit dem Reich kamen die Grafen von Erbach anfänglich nur wegen ihres Glaubenswechsels: 1544 gilt als Jahr der Einführung der lutherischen Lehre in der Grafschaft Erbach. Bis dahin war man reichstreu, loyal gegenüber dem Kaiser, den Habsburgern gewogen. Als strenggläubige Lutheraner waren die Grafen von Erbach begeisterte Anhänger des Schwedenkönigs Gustav Adolf. Graf Georg Friedrich (1607 - 1632) starb im Kampf für seinen Glauben bei Nürnberg, Graf Gottfried (1611 - 1635) als Schwedischer Kommandant auf dem Breuberg. Überhaupt fügte der Dreißigjährige Krieg der Grafschaft schwere Wunden zu. Am 23. Juni 1622 überfielen Kroaten der kaiserlichen Armee Erbach, plünderten und mordeten.

Die Königs- und Kaisertreue begann in den Kreuzzügen, dauerte über das ganze Mittelalter und setzte sich in der Neuzeit fort: Im Jahr 1349 tritt Heinrich I. Schenk von Erbach (gestorben 1387) gemeinsam mit seinen Stammesvettern, Eberhard VIII. und Konrad V. Rauch (gestorben 1390) in den Dienst Kaiser Karls IV. gegen Günther von Schwarzburg, der zum Gegenkönig aufgestellt worden war. Auch mit seinem Vetter, dem Grafen Walram von Spanheim, kämpfte er im Auftrag des Kaisers.

Im Jahr 1422 wurde eine Reichsarmee gegen die Hussiten aufgestellt, an der sich auch ein Erbacher Kontingent der Schenken Eberhard IX. (1732

- 1428) und Konrad VII. (1382 - 1423) beteiligte. Graf Ludwig III. (1579 - 1643), genannt *„der Ritter"*, beteiligte sich an den Feldzügen des Reichs gegen die Türken in Ungarn. Graf Georg Friedrich (1636 - 1653) hatte zuvor der kaiserlichen Sache gedient und kämpfte gegen Dänen, Schweden und Venetianer. Graf Gottfried (1611 - 1635) nahm ebenfalls zuerst in der kaiserlichen Armee Kriegsdienst und kämpfte in Italien. Graf Johann Casimir (1584 - 1627) trat ebenfalls in kaiserliche Kriegsdienste und kämpfte in Ungarn für das Reich gegen die Türken. Graf Carl Ludwig (1670 - 1704) kämpfte wie viele seiner Verwandten im Spanischen Erbfolgekrieg gegen Bayern und Franzosen. In der Schlacht bei Hochstädt (1704) fochten für die Sache der deutschen Habsburger gleich vier Angehörige des Hauses Erbach: Graf Philipp Ludwig zu Erbach-Erbach (1669 - 1720), dessen Bruder Graf Karl Ludwig zu Erbach-Erbach (1670 - 1704) sowie die Vettern Ernst Friedrich Albrecht zu Erbach-Fürstenau (1677 - 1736) und Georg Wilhelm zu Erbach-Fürstenau (1686 - 1757). Graf Philipp Ludwig focht gegen die Türken, auch Graf Georg III. (1646 - 1678) zog im Auftrag des Reichs zunächst gegen die Türken, dann gegen die Franzosen. Graf Karl Wilhelm (1680 - 1714) kämpfte im Spanischen Erbfolgekrieg, Graf Johann Wilhelm (1707 - 1742) zog gegen die Türken in den Kampf. Graf Georg Albrecht III. (1648 - 1717) stand in österreichischen Diensten, Graf Georg August (1691 - 1758) war Reichshofrat im kaiserlichen Dienst, Graf Gustav (1791 - 1813) tat Dienst im kaiserlichen Ulanenregiment, Graf Wilhelm Ludwig Friedrich (geboren 1788) trat in österreichische Militärdienste und kämpfte in Rußland und Frankreich, desgleichen Graf Albert (1787 - 1851) und Graf Lothar (1819 - 1851), ebenso Graf August Friedrich (1824 - 1855) und Graf Alfred (1813 - 1874). Graf Karl (1732 - 1816) diente im kaiserlichen Regiment, desgleichen Graf Emil Christian (1789 - 1828).

Im deutschen Bruderkrieg Österreich/Preußen 1866 fochten die Grafen zu Erbach traditionsgemäß auf österreichischer Seite. Nur wenige Angehörige des Hauses Erbach dienten unter preußischer Fahne. Etliche nachgeborene Grafen erlernten das Kriegshandwerk und traten in fremdländische Dienste. Die Erbacher stellten nicht nur Reichs- und Kriegskontingente, sondern auch eigene, nach der Grafschaft benannte Regimenter (1701: *„Regiment Erbach"*) oder solche, die den Namen bedeutender militärischer

Persönlichkeiten aus dem Hause Erbach trugen, dem Reich zur Verfügung.

Viele ließen in den Schlachten ihr Leben. - Von Graf Franz Eberhard XV. zu Erbach- Erbach (1818 - 1884) schreibt Chronist Christian Müller (1955): *„Er blieb sein ganzes Leben lang im habsburgischen Reichsgedanken verwurzelt. Deshalb ließ er auch seine Söhne im österreichischen Heere dienen, wie es viele seiner Ahnen schon in alten Zeiten taten"*. Graf Georg Albrecht zu Erbach-Erbach (1844 - 1915) war k.u.k. Oberleutnant.

Der Krieg Preußen/Österreich 1866 forderte von Graf Georg-Albrecht das Leben seines Bruders Alfred (1848 - 1866). Die Brüder von Graf Georg Albrecht, Ernst (1845 - 1889) und Eberhard XVI. (1847 - 1901), standen beide in der k.u.k. Armee. Graf Ernst wurde zuerst Unterleutnant in der österreichischen Armee, dann 1865 zur Leibreiter-Schwadron Seiner Majestät des Kaisers Franz-Joseph von Österreich versetzt. Sein Bruder Eberhard XVI. war ebenfalls in Wien garnisoniert. Graf Ernst nahm an der Schlacht bei Königgrätz (1866) teil. Bruder Alfred fiel in dieser Schlacht. Eberhard XVI. (1847 - 1901) nahm im Jahr 1864 am dänischen Feldzug auf Seiten Österreichs (mit Preußen) teil, um Schleswig für das Reich zu erkämpfen. Kaiser Franz-Joseph von Österreich ernannte ihn zum Leutnant in einem Infanterieregiment. Im Krieg Preußen gegen Österreich (1866) kämpften auf österreichischer Seite nicht nur die oben genannten Grafenbrüder Eberhard XVI., Ernst und Alfred zu Erbach-Erbach, sondern auch deren Onkel Edgar zu Erbach-Fürstenau. Graf Alexander (1849 - 1874) zu Erbach-Erbach besuchte ein Militärinstitut in Wien bis kurz vor seinem Offiziersexamen. Graf Konrad zu Erbach-Erbach (1881 - 1940) war Rittmeister im Ersten Weltkrieg. Graf Eberhard XVII. (1886 - 1917) fiel im Ersten Weltkrieg als Offizier, Graf Alexander (1891 - 1952) nahm als Rittmeister am Zweiten Weltkrieg teil, Erbgraf Eberhard XVIII. (1922 - 1943) fiel als Leutnant an der Ostfront.

18. *Christlich* Im Glauben fest

Der herrschaftliche Ursprung und die materielle Grundlage des Adelsgeschlechtes von Erbach nährten sich aus zwei Wurzeln, einer weltlichen und einer geistlichen. Von weltlichen Fürsten wurden sie mit Land belohnt (Familienbesitz, Allod), von den geistlichen Stiftern mit Benefizien *(„Wohltat, Begünstigung")* ausgestattet. Daraus resultierte die hohe Obrigkeit.

Mitte des 9. Jahrhunderts ging die hohe Gerichtsbarkeit der Reichsabtei Lorsch, die vorher der Gaugraf ausübte, auf die Abtei beziehungsweise auf das Kloster über. Diese übertrug die hohe Gerichtsbarkeit an die Schirmvögte der Klöster. Vögte waren ab 1156 bis 1232 die Pfalzgrafen bei Rhein in Heidelberg, Untervögte die Herren von Erbach und das schon sicherlich weit vor dieser Zeit. Diese konnten die weltlichen Strafen auf Erden *(„zu strafen an Hals und Haupt"*, Recht über Leben und Tod = Blutbann) vollziehen; sie hatten die alleinige Exekutionsgewalt. Als Gegenleistung für die Ausübung der Gerichtsbarkeit vergab das Kloster an seine Vögte die Nutznießung von Ländereien und Gefällen (Berechtigungen). Die allmähliche Erblichkeit des Gerichtsamtes war die Folge, die Belehnung mit der Gerichtsbarkeit und der damit verbundenen Güter und Benefizien wurden als ein hergebrachtes Recht angesehen. *„Aus der Verbindung der Familiengüter (Allodien) mit den von Amtswegen verliehenen Benefizien entstanden, sobald* *diese letzteren gleichfalls erblich geworden waren, die Herrschaften. Die Besitzer desselben sind die Dynasten"* (Simon 1858). Die Dynasten sind die Landesherren, die Stände des Reiches. Als Besitzer der hohen Gerichtsbarkeit waren sie auch Inhaber der sogenannten Obrigkeit.

Der Lorscher Codex berichtet von Eberhard I. von Erbach (gestorben etwa 1148), daß er eines sehr qualvollen Todes und unversöhnt mit der Kirche gestorben sei. *„Er wird als ein Gegner und Verächter dieses Klosters bezeichnet und in seinem schnellen Tode ein göttliches Strafgericht für seine Frevel, die er an diesem Gotteshause verübt hatte, gesehen"* (Simon 1858). Man sagt, er habe Klostergut *„entfremdet"*, widerrechtlich an sich gezogen und seiner Herrschaft einverleibt.

Die Erbacher als Ordensleute

Für den Adel, insbesondere auch für den hohen Adel, war es notwendig, in das heilige Land zu pilgern, aus Gründen des Ansehens, aber auch wegen des Seelenheils. *„Ob und wann die älteren Erbacher an den Kreuzzügen Theil genommen haben, darüber liegen keine urkundlichen Nachrichten vor. Wahrscheinlich ist dies jedoch (u.a.) deswegen, weil in der Grafschaft Erbach mehrere Stiftungen bestanden, welche ihren Ursprung den Kreuzzügen verdanken, namentlich das Tempelhaus zu Erbach und das Johanniterhaus zu Mossau"*, meint Simon (1858). Die Bezeichnung *„Tempelhaus"* tritt erst Anfang des 18. Jahrhunderts auf. Die amtliche Bezeichnung lautete *„das steinerne Haus im echterischen Hof."* Mehrere Erbacher Schenken machten dem Johanniterorden, vor allem in Ober-Mossau und in Rehbach, Schenkungen, traten in die Brüderschaft dieses Ordens ein oder waren Ordensmitglieder, so beispielsweise die Eltern des Johanniters Johannes IV., nämlich Schenk Eberhard IX. (1372 - 1428) und Elisabeth von Kronberg, die sich der Johanniter-Brüderschaft in Ober-Mossau anschlossen.

Schenk Philipp III. von Erbach (1415 - 1461) ließ sich mit seiner Gemahlin Luckarde von Eppstein im Jahr 1452 in die Brüderschaft des hl. Franziskus und der hl. Clara aufnehmen. Das Paar machte der Kirche in Michelstadt Stiftungen und erbaute die Schloßkapelle in Fürstenau.

Konrad IX. (1425 - 1464) ist der erste, der eine Wallfahrt nach Jerusalem zum hl. Grab unternahm und zwar gemeinsam mit seinem Vetter Otto (gestorben 1468); das war in den Jahren 1430/31. Auch die Schenken und späteren Grafen Georg III. (1506 - 1569) und Eberhard I. (1511 - 1564) unternahmen Pilgerreisen nach Jerusalem.

Die Reise von Graf Georg Albrecht I. (1597 - 1647) zu Erbach-Erbach im Jahr 1616 nach Malta dürfte ebenfalls vom Kennenlernen des dort residierenden ältesten christlichen Ritterordens inspiriert gewesen sein. Dorthin war der Johanniterorden nach dem Verlust von Rhodos übergesiedelt (1530).

Schenk Johannes IV. (zuletzt genannt 1408) war Johanniter-Ordensritter (1404 als solcher erwähnt), ebenso dessen Bruder Engelhard (zuletzt genannt 1446). Graf Philipp Ludwig (1669 - 1720) war Johanniter-Ordensritter und Komtur dieses Ordens. Diese Ordenstradition wurde bis in die jüngere Neuzeit hinein von Angehörigen des Grafenhauses, insbesondere der Linie Erbach-Fürstenau, fortgesetzt. So war Graf Ludwig Wilhelm Friedrich zu Erbach-Fürstenau (geboren 1788) seit 1829 Johanniter, ebenso dessen Bruder Albert (1787 - 1851), desgleichen dessen Bruder Ludwig (1788 - 1865) sowie Graf Raimund Alfred (1813 - 1874) und Eberhard XVI. (geboren 1818).

Auch in der Linie Erbach-Erbach finden sich in der jüngeren Neuzeit Angehörige des Johanniterordens, so Graf Franz I. zu Erbach-Erbach (1754 - 1823), dessen Sohn Karl (1782 - 1832) und Enkel Franz Eberhard XV. (1818 - 1884). Auch Graf Alexander zu Erbach-Erbach (1891 - 1952) war Mitglied des Johanniterordens. Ernestine Marie Clothilde zu Erbach-Erbach (1873 - 1937) wurde Johanniter-Ordensschwester am Diakonissenhaus in Dessau (Müller 1955).

Heinrich II. von Erbach war 1418 Komtur des Deutschherrenordens in Prozelten am Main. Graf Christian zu Erbach-Schönberg (1728 - 1799) war Deutsch-Ordensritter. Er mußte deshalb zum katholischen Glauben konvertieren, übrigens der einzige Fall in der langen Geschichte des Hauses Erbach.

Erbach und Schönau

Ein besonderes Verhältnis hatten die Herren von Erbach zum Zisterzienserkloster Schönau. Es war die Grablege der Alt-Erbacher Linie nach der Aufgabe des Erbbegräbnisses in der Basilika des Klosters Steinbach. Im Jahr 1278 wird ein „*H. de Erbach*" als Mönch im Kloster Schönau erwähnt, zuvor, von 1220 bis 1224, ein Mönch Franko de Erpach ebenda. Viele Schenken von Erbach machten dem Kloster Schönau Stiftungen, so auch jener Konrad, der 1221 zum Bischof von Hildesheim gewählt wurde und von dem es sich herausstellte, daß er ein Angehöriger des Hauses Erbach ist. 1209 war er Domdekan in Speyer, 1216 Scholaster des Mainzer Doms, 1218 wurde er an die Kurie in Rom berufen und war päpstlicher Kaplan. Im Alter zog er sich in das Haus- und Familienkloster der Alt-Erbacher nach Schönau zurück und starb dort 1249. Dort wurde er auch begraben; sein Grabstein ist (in zweiter Fassung) noch erhalten. Auch Schenk Konrad IX. (1425 - 1464) zog sich im Alter in das Familienkloster Schönau zurück. Er starb dort und liegt im Kloster begraben. Sein Grabstein ist noch erhalten.

„Dem Grafen Eberhard XIV. verdankt man die große Elf-Uhr-Glocke der Stadtkirche aus dem Jahre 1357, die er aus dem zerstörten Kloster Schönau bei Heidelberg 1563 nach Erbach bringen ließ, wohl auf Grund der Rechte, welche seine Vorfahren an dem dortigen Gotteshaus erworben, insofern sie sich zur Bauunterhaltung des Turmes der Klosterkirche verpflichtet hatten" (Morneweg 1924).

Domherren und Nonnen

Zahlreiche Angehörige des Hauses Erbach traten in kirchliche Dienste. Besonders die weiblichen Mitglieder wählten den Schleier, wenn sie sich nicht verheiraten wollten oder konnten und traten, mit reicher Mitgift ausgestattet, in Versorgungsklöster ein. Auch die männlichen Nachgeborenen einer Generation wählten den Kirchendienst, später Militärdienst.

Jutta und Elisabeth von Erbach nahmen den Schleier und waren Schwestern (Konventualinnen) in Seligenstadt, erstere (gestorben 1340) Äbtissin daselbst. Engelhard von Erbach (1287 - 1346) war Domherr zu Würzburg und Speyer, Gerlach von Erbach (gestorben 1332) war sogar Fürstbischof zu Worms. Schenk Johannes II. war 1349 zuerst Kanonikus zu Mainz, ab 1350 Domkapitular in Würzburg, dann, 1372 Domherr daselbst. Auch Johannes III. trat in kirchliche Dienste. Er war 1386 Kanonikus in Würzburg, 1390 dort Domherr. Er wird auch als Dompräbendar in Mainz genannt. Ida II. von Erbach ist von 1448 bis 1452 als Meisterin des Klosters Höchst (Odenwald) bezeugt. Schenk Rudolf von Erbach war Pfarrer in Pfungstadt bis 1386. Schenk Heinrich von Erbach war 1330 Kanonikus in Worms. „*Sein letzter Wille, den er 1387 aufsetzen ließ, bedachte eine große Anzahl von Gotteshäusern in dem Erbachischen Lande und in der ganzen Umgebung mit frommen Stiftungen*“ (Simon 1858). Philipp I. war um 1390 Kanonikus und dann Pfarrer in Wieblingen bei Heidelberg wie sein Bruder Eberhard X. (1379 - ca. 1415) vor ihm. Schenkin Sabina von Erbach wird in dieser Zeit als Äbtissin in Kitzingen in Franken genannt. Elisabeth von Erbach war von 1380 bis 1411 Priorin zu Liebenau. Konrad VIII. von Erbach (gestorben 1427) war 1382 Kanonikus in Mainz. Schenk Ludwig I. wird 1422 als Domherr in Mainz genannt. Er war auch Kanonikus in Worms (1414), Speyer und Weißenburg. Schenk Eberhard XI. (gestorben 1441) war Domherr und Kämmerer in Mainz. Auch Margaretha von Erbach hatte den geistigen Stand gewählt und war 1439 Äbtissin im dortigen Benediktinerkloster. Sie soll prachtliebend und verschwenderisch gewesen sein. Ihr Todesjahr wird mit 1465 angegeben. Schenk Gerhard IV. (gestorben 1451) war Kanonikus in Mainz.

Dietrich von Erbach - Erzbischof von Mainz

Einer der bedeutendsten Schenken von Erbach war zweifelsohne Dietrich von Erbach (auch Theoderich genannt). Er wurde um 1390 geboren. Er brachte es bis zum Kurfürsten von Mainz. Er erscheint 1413 als Kanonikus in Mainz, 1415 machte er eine Stiftung an die Michelstädter Kirche. Zuerst Domkantor in Mainz, wurde er dort 1434 zum Erzbischof gewählt. Damit war er „*des Heiligen Römischen Reichs Erzkanzler durch Germanien*“, der Primas des Reichs, der erste Reichsfürst nach dem Kaiser. Er beherrschte als weltlicher Fürst den größten Länderkomplex unter allen deutschen Fürsten. Unter seiner Leitung fanden zwei Kaiserwahlen statt. Diese eröffneten die jahrhundertelange ununterbrochene Folge der Habsburger Regenten auf dem Thron des Heiligen Römischen Reichs Deutscher Nation. Er vermied in

Wappen von Schenk Dietrich von Erbach, Erzbischof von Mainz.

Wappensteine als Bauurkunden auf der Wildenburg (oben links), am Rathaus in Mudau (oben rechts), in Wörth (unten links) und in Miltenberg (unten rechts).

seiner Regierungszeit geschickt landesfürstliche Fehden und trat sehr oft bei landespolitischen Streitigkeiten als besonnener und ausgleichender Schiedsrichter auf.

An seinem Hof liebte dieser Kurfürst die weltliche Pracht und war, wie viele Angehörige des Hauses Erbach, ein Liebhaber von Pferden und der Jagd. Oft wurde seine Hofhaltung mit der eines Königs verglichen. Auch war er ein äußerst baufreudiger Mensch. Aschaffenburg hat er mit mehreren Gebäuden bereichert, er verstärkte die Stadtbefestigungen von Miltenberg und Wörth. Sein Wappen findet sich am Stadttor in Wörth, in Mudau am Rathaus, auf Burg Wildenberg an der Sperrmauer zwischen Bergfried und Palas, im Heimatmuseum der Stadt Miltenberg (früher im Burghof der Miltenburg) und an der Eberhardsburg im Eulbacher Park (dort sekundär vermauert). Sein Lieblingsaufenthalt war Aschaffenburg. Dort starb er 1459. Im Chor in der ehemaligen Kollegiatstiftskirche und heutigen katholischen Stadtpfarrkirche St. Peter und Alexander liegt er begraben. Sein prächtiges Grabdenkmal ist Anziehungspunkt vieler Kunstfreunde. Sein schöner wappengeschmückter Prunk- und Doppelpokal, ein Geschenk an seine Verwandten, wird noch heute im Erbacher Schloß als besonderes Schaustück der Sammlung gezeigt.

Noch weitere Schenkinnen und Schenken, Gräfinnen und Grafen standen in kirchlichen Diensten. Dieter von Erbach war 1435 Domherr und Erzpriester in Mainz und Aschaffenburg und Kanonikus in Würzburg. Er starb 1437. Schenk Philipp II. von Erbach (gestorben 1467) war Abt im Kloster Weißenburg. Er soll ein verschwenderischer Kirchenfürst gewesen sein. Schenk Konrad X. von Erbach kommt im Jahr 1454 als Propst vor. Später wurde er Domkustos in Worms, Dompräbendar in Mainz und Aschaffenburg, auch Kanonikus in Würzburg und Trier. Er starb im Jahr 1482. Auch dessen Bruder Adolar trat in den Dienst der Kirche und war Domherr in Worms, 1451 legte er als Jüngling den Grundstein für den Chor der Kirche in Michelstadt. Schenk Johannes VII. (gestorben 1480) war Domherr in Speyer und Pfarrer in Hofheim.

Es gilt an dieser Stelle festzuhalten: Das Haus Erbach hat in der Zeit von 1221 bis 1459 drei Bischöfe gestellt: Konrad von Erbach wurde 1221 zum Bischof von Hildesheim, Gerlach von Erbach (gestorben 1332) zum

Fürstbischof von Worms und Dietrich von Erbach (gestorben 1459) im Jahr 1434 zum Erzbischof und Kurfürsten von Mainz gewählt. Das zeigt nicht nur, welche Stellung das Haus Erbach in jener Zeit genoß, sondern auch, in welch hohem Ansehen diese Angehörigen standen. Der Glanz solcher Ämter fiel natürlich auf alle Mitglieder des „*Hohen Hauses Erbach*".

Schenkungen und Stiftungen

Diese Reihe kirchlicher Würdenträger aus dem Hause Erbach läßt sich weiter fortsetzen. Wir lenken in diesem Zusammenhang das Augenmerk des kirchlichen Engagements auf einen weiteren Gesichtspunkt: auf die Schenkungen und Stiftungen der Herren von Erbach. Schenk Konrad IX. (1425 - 1464) machte der Kapelle im Erbacher Städtel mehrere Schenkungen. Schenk Erasmus (1466 - 1503) ließ im Jahr 1497 die Städtelkapelle in Erbach durch Papst Alexander VI. zur Pfarrkirche erheben, die zuvor eine Filialkirche von Michelstadt war. Schon Konrad III. (1303 - 1360) machte der Kapelle zu Erbach eine fromme Stiftung. Im Jahr 1341 stiftete er auch dem St. Nikolausaltar in der Kapelle des Schlosses zu Erbach den Kernenhof in Stockheim und verschiedene Güter und Gefälle zu Wörth zu einer ewigen Messe.

Es wurde schon angesprochen: Das Eintreten in den geistlichen Stand hatte zwei Gründe: einerseits bedeutet das Amt eine wirtschaftliche Absicherung für die Nachgeborenen einer Linie und Generation, zum anderen sorgte man auf diese Weise für das Seelenheil seiner selbst und für die ganze Familie. Natürlich bedeutete ein hohes kirchliches Amt auch Einflußnahme und Beziehung zugunsten der eigenen Familie. Einige der männlichen Geistlichen traten aus familiären Gründen und Rücksichten aus dem Kirchendienst aus (sie „*resignierten*") und verehelichten sich, um den Stamm fortzusetzen. Das geschah immer dann, wenn eine Linie im Mannesstamm auszusterben drohte.

Von den elf Kindern des Schenken Eberhard X. von Erbach (1379 - 1415) gehörten acht dem geistlichen Stande an: Dietrich (gestorben 1459), Dieter (gestorben 1437), Otto (gestorben 1468), Eberhard IV. (gestorben 1451), Heinrich II. (erwähnt 1418), Philipp II. (gestorben 1462), Constanze (gestorben 1442) und Margarethe (gestorben 1461). Von den acht Kindern des Schenken Eberhard IX. (1372 - 1428) gehörten fünf dem geistlichen Stande an. Von den vier Kindern des Schenken Georg I. (etwa 1440 - 1481) wählten drei Ämter in der Kirche: Georg II. (gestorben 1509) war Domherr zu Worms und Mainz, Pfarrer in Beerfelden und Pfungstadt, Magdalene Nonne im Kloster Clarenthal, zunächst Konventualin, dann Priorin, und Maria (gestorben 1541) Äbtissin im Kloster Schmerlebach.

Das Erbacher Land in der Reformation

Damit ist nun das Zeitalter der Reformation zu betrachten. Unter Schenk Eberhard XIII. (1475 - 1539) brach ein neues Zeitalter an. In seine Zeit fielen Bayerische Fehde, Sickingische Fehde, Bauernkrieg, Erwerb und Verlust von Landesteilen seiner Herrschaft, der er am Ende alleine vorstand. Er überlebte nämlich seine beiden Brüder, mit denen er zuvor die Herrschaft wirtschaftlich geteilt hatte. Eberhard XIII. wurde Hauptbefehlshaber im Kampf gegen die Erhebung Sickingens und hatte auch den Oberbefehl im pfälzischen Aufgebot gegen die Bauernerhebung. Er war ein Regent in Zeiten des Umbruchs. Hiervon legt er selbst Zeugnis ab durch sein Denken und Handeln. Noch kurz vor der Reformation ließ er sich mit seiner Gemahlin in die Brüderschaft des Klosters der Prädikanten in Heidelberg aufnehmen. Andererseits predigten 1525 unter seiner Herrschaft mehrere evangelische Geistliche im Erbacher Land. Die Aufforderung des Erzbischofs von Mainz, diesen Umstand rückgängig zu machen, lehnte Eberhard ab. Allerdings: Von der römisch-katholischen Kirche hatte sich Eberhard nie losgesagt. Mehrere Töchter von ihm blieben in den Klöstern, so Barbara (Nonne in Marienborn, gestorben 1574), Anna (ebenfalls Nonne in Marienborn, gestorben 1540), Elisabeth (Nonne in Marienborn und Clarenthal bis 1574) und Katharina (Nonne in Clarenthal bis 1566). Sein Sohn Valentin II. (1517 - 1563) wurde Domherr in Mainz und trat 1544 aus dem Kirchendienst, um die Regierung seiner Linie zu übernehmen. Simon (1858) stellt fest: *„Keine seiner (Eberhards XIII.) Regierungshandlungen zeugt davon, daß er von sich aus die lutherische Sache positiv beförderte“*. Von den 16 Kindern des Grafen Eberhard I. (1470 - 1539) starben sieben als Kinder oder Jugendliche, fünf gingen in den Dienst der Kirche.

Es steht außer Frage, daß Eberhard, als Schenk XIII., als Graf I. dieses Namens (seit 1532), landesgeschichtlich und in allgemein politischer Hinsicht während der Reformationszeit die bedeutendste Persönlichkeit im Odenwald war. Von ihm stammen übrigens alle heute noch lebenden Glieder des Hauses Erbach ab. Wolfram Becher (1980) würdigt diesen Eberhard so und erzählt uns dabei eine altbekannte fromme Legende auf seine Weise: *„Er ist sicher als die kraftvollste, uns historisch erkennbare Persönlichkeit aus der Erbacher Geschlechterfolge anzusprechen. Eine Legende ist es, daß Schenk Eberhard von Erbach Luther auf seiner Reise zum Wormser Reichstag 1521 in Miltenberg feindselig aufzulauern getrachtet habe, in seiner Herberge 'Zum Riesen' aber nachts durch das inbrünstige Gebet eines Zimmernachbarn so beeindruckt worden sei, daß er sich diesem am anderen Morgen voller Ehrfurcht genähert habe. Dabei erst habe er erfahren, daß jener ebenderselbe Luther war, den er hatte umbringen wollen. Worauf er sich ganz der neuen Lehre angeschlossen habe"*.

Die Erhebung des Schenken Eberhard XIII. in den Grafenstand erfolgte 1532 durch Kaiser Karl V. Offiziell eingeführt wurde die Reformation in der Grafschaft Erbach im Jahr 1544 durch die Brüder und Söhne des Grafen Eberhard I., Georg I., Eberhard II. und Valentin II. Graf Eberhard II. Schenk XIV. (1511 - 1564) gab seinem Sohn Georg im Kindesalter folgende christliche Worte mit auf den Lebensweg: *„Sei gottesfürchtig, bete morgens und abends fleißig, gedenke in all deinem Tun an Gott"*.

Erbachische Devisen

Die fromme Erbachische Devise lautete zuerst *„Herr nach Deinem Willen"*, dann *„Omnia Cum Deo Et Nihil Sine Eo"* (Alles mit Gott und nichts ohne ihn). Das Grafenhaus konnte seit 1545 Münzen prägen, denn Kaiser Karl V. hatte ihm nicht nur die Grafenwürde, sondern auch das Münzrecht verliehen. Die Guldenstücke aus der Mitte des 17. Jahrhunderts trugen das Motto: *„Herr nach deinem Willen"*, die späteren den Wahlspruch *„Omnia cum Deo et Nihil sine Eo"*. Der Wahlspruch des Grafen Georg II., als Schenk IV. (1548 - 1605), lautete: *„Gott ist mein Trost"*.

Graf Georg I., als Schenk III. (1506 - 1569), schrieb 1544 seine evangelische Überzeugung in einer besonderen Abhandlung in lateinischer Sprache nieder. 1557 ließ er mit seinen Brüdern eine Kirchenordnung niederschreiben und dem Reformator Melanchthon vorlegen; 1560 wurde sie in

Druck gegeben. Georg I. wird als frommer Mann bezeichnet, der jeden Morgen sein Gesinde versammelte, um mit ihm zu beten.

Die Friedhofskapelle in Erbach ist einer Stiftung von Graf Georg II. an der Wende des 16. und 17. Jahrhunderts zu verdanken. Auch machte er bedeutende Geldspenden zur Erbauung von Pfarrhäusern (Güttersbach: 1595).

Graf Ludwig III., „*der Ritter*" zu Erbach (1579 - 1643), war verheiratet mit Juliane Gräfin zu Waldeck. Auf ihrem Sterbebett gab sie ihren Kindern unter anderem mit auf den Lebensweg: „*Bei der evangelischen Religion oder Glauben wollest du bis an dein Ende beständig verbleiben, denn keine richtigere und bessere wirst du finden. Hab Gottes Wort lieb, lese es fleißig und höre es gern*". (Simon, 1858).

Georg Albrecht I. zu Erbach (1597 - 1647) erinnerte 1646 in seinem Testament seine Nachkommen, „*bei dem theuren Worte Gottes und der unveränderten Augsburgischen Confession zu bleiben und sich zu keiner anderen Lehre verleiten zu lassen*". Die Grafenbrüder Georg, Eberhard und Valentin seien so tief von der evangelischen Wahrheit durchdrungen gewesen, daß die Einführung der Reformation in ihren Landen mit der „*Vermehrung ihrer Gewalt*" nichts zu tun gehabt hätte, dafür bürge deren „*aufrichtige und innige Frömmigkeit*", versichert Simon (1858). - Erinnert sei daran, daß Graf Georg Wilhelm zu Erbach (1686 - 1757) der Erbauer der heutigen Stadtkirche von Erbach ist. - Graf Alfreds zu Erbach-Erbach (1848 - 1866) letzte Worte sollen (nach Simon 1858) gewesen sein: „*Mein Gott, ich bitt durch Christi Blut, mach's nur mit meinem Ende gut*".

Kapellen, Kirchen, Gottesäcker

An das Ende dieser familien- und kirchengeschichtlichen Betrachtung stellen wir noch einige Ausführungen von Graf Ernst zu Erbach-Erbach (1845 - 1889): „*Außer der Schloßkapelle zu St. Nikolaus und ihren zwei Altären gab es in früheren Zeiten in der Stadt kein Heiligtum. Erst am 4. August 1370 stiftete Schenk Eberhard und seine Hausfrau Elisabeth von Katzenellenbogen eine Kapelle in der Stadt, und zwar auf der Stelle, wo die heutige Stadtkirche steht. Die Kapelle war dem hl. Apostel Bartholomäus und dem hl. Märtyrer Sebastian geweiht*". Später kam ein Liebfrauenaltar hinzu. Am 15. Dezember

Friehofkapelle; Zeichnung Gertraude Mohr.

1497 wurde die Stadtkapelle zur Pfarrkirche erhoben. Zuvor war sie Filialkirche von Michelstadt.

Graf Ernst zu Erbach-Erbach fährt fort: *„Solange Erbach unter der pastoralen Leitung der Michelstädter Pastoren stand, wurden auch die Gebeine der Abgeschiedenen auf den dortigen Friedhof gebracht, welcher um die Pfarrkirche gelegen, bis er wohl zu Anfang des 16. Jahrhunderts, hinaus gegen das Habermannskreuz zu, wo man's heute noch die Kapellenwiese nennt, verlegt worden, von wo derselbe etwa um die Mitte desselben Jahrhunderts an seine heutige Stelle näher zur Stadt Michelstadt gekommen ist"*. - Im Jahr 1496 traf die päpstliche Erlaubnis in Erbach ein, einen besonderen Gottesacker anzulegen. Um die Kirche herum im Städtel war das aus Platzgründen nicht möglich. Wir folgen wieder Graf Ernst: *„Um aber doch keinen profanen Platz zu wählen, verlegte man den Ruheplatz der Abgestorbenen in den Brudergrund, 20 Minuten von der Stadt. Dort lag die verborgene Kapelle St. Jacobi zur Not Gottes mit dem Beinamen 'das Bruderhaus'"*. Die Bezeichnungen Brudergrund und Bruderhaus deuten auf die Zelle eines Mönchs oder Eremiten oder Waldbruders, also auf eine Einsiedelei, zumal in der Nähe der Waldschlucht eine Wiese den Namen *„Bruder Jakobs-Wiese"* trägt. *„Unser Bruderhaus erwählte man also zur Begräbniskapelle und legte ein kleines Fleckchen Land zum Friedhof an. Schenk Erasmus entsandte nach Pfingsten 1498 einen reitenden Beamten, um den Weihbischof von Mainz zur Einweihung des Kirchhofs einzuladen. Zu Peter und Paul wurde der Friedhof eingeweiht. Fast 100 Jahre trug man die Toten hinaus in jenen Frieden. Im Jahre 1590 aber schenkte der regierende Graf Georg der allhiesigen Kirche hinter dem Gutenleut- oder Sondersiechenhaus ein Stück Ackerland zu einem neuen Kirchhof. Der neue Kirchhof ist seitdem bis zu uns derselbe geblieben. Wenige Jahre nach Anlage des Friedhofs ist die Kapelle daselbst gebaut worden. Ein wertvoller Altar mit dem Wappen Erbach-Wertheim aus der Schöllenbacher Kirche wurde in der Friedhofskapelle aufgestellt und kam 1872 ins Schloß, um dort in der 1873 errichteten Hubertus-Kapelle aufgestellt zu werden"* (Graf Ernst zu Erbach-Erbach, 1886).

Zu den Begräbnisstätten der Erbacher Schenken und Grafen sei noch angefügt: Die älteste Grablege des Hauses Erbach ist die Basilika in Michelstadt-Steinbach. Sie diente bis 1404 als gemeinsame Grablege des Gesamthauses. Die Linie Erbach-Erbach bestattete dann ihre Angehörigen im Kloster Schönau nahe Heidelberg. Von 1363 an bis 1503 sind dort Grabsteine in fast ununterbrochener Generationenfolge vorhanden. In der Stadtkirche in Michelstadt beerdigten die Angehörigen der Linie Erbach-Reichenberg-Fürstenau ihre Toten, später auf dem Waldfriedhof in Ober-Sensbach, die Linie Erbach-Schönberg begrub ihre Verstorbenen an ihrer Kapelle in Schönberg bei Bensheim.

Die Stadtkirche in Michelstadt enthält eine große Anzahl wertvoller Grabdenkmäler, mit dem Jahr 1387 beginnend (Morneweg 1924).

Im Erbacher Schloß gibt es zwei Kapellen, die Einhardskapelle (früher Nikolauskapelle) und die Hubertuskapelle. *„In einem früheren Archivraum, in dem sich wohl einst die Nikolauskapelle befand, ließ Graf Franz I. 15 der ältesten Grabmäler des Hauses aus der Steinbacher Basilika aufstellen und machte daraus eine Hauskapelle, welche nach Einhard, dessen mittelalterlicher Sarkophag 1810 von Seligenstadt hierherkam, Einhardskapelle genannt wurde"* (Morneweg 1924). Auch aus der Stadtkirche zu Michelstadt wurden Grabdenkmäler in die Einhardskapelle verbracht, ebenso aus der Klosterkirche Schönau. Eines stand lange Jahre am Bergfried im Schloßhof. Sie alle waren heraldisch und kunstgeschichtlich wertvolle Grabdenkmäler aus den Jahren 1363, 1427 und 1477, die 1896 in Schönau aufgefunden und hierher gebracht wurden (Morneweg 1924). So finden sich heute in der Einhardskapelle im Schloß Grabdenkmäler aus Steinbach, Schönau und Michelstadt nebeneinander.

Eine gute Übersicht über die in der Basilika in Steinbach aufgefundenen Grabdenkmäler der Alt-Erbacher hat Suzanne Beeh-Lustenberger (1996) zusammengestellt. Danach waren es insgesamt 14 bis 15 Mitglieder des Hauses Erbach, die in der Einhardsbasilika in Steinbach begraben wurden, angefangen mit Konrad III. „der Jüngere" (1279) bis hin zu Johann (1404). 1760, 1773 und 1785 ließ man die Grabplatten im Mittelschiff der Einhardskapelle abheben und die Gebeine der dort Begrabenen in kleinen beschrifteten Särgen in die gräfliche Familiengruft in der Stadtkirche in Michelstadt überführen. *„Einen großen Teil der im Steinbacher Kloster befindlichen Grabsteine ließ Graf Franz I. von Erbach am Ende des 18. Jahrhunderts nach Erbach bringen, wo er im Schloß eine Kapelle (Einhardskapelle) errichtete. Aus Stein-*

bach waren es 12 Grabsteine, einschließlich des 1773 im Westen vor der Steinbacher Kirche unter der Erde gefundenen Bildnissteins Konrads III. „der Jüngere" von 1279, die unter Graf Franz nach Erbach kamen. Ergänzt wurde ihre Reihe 1. durch die Grabplatten der Anna von Erbach (gestorben 1375), des Philipp I. von Erbach (gestorben 1461) und seiner Gemahlin Luckarde von Eppstein (gestorben 1477) aus der Kirche in Michelstadt; 2. um die Grabplatte der Brigitta von Erbach (gestorben 1535), wahrscheinlich aus der von ihrem Vater Eberhard XIII. ausgebauten Schloßkapelle zu Fürstenau; 3. 1876 durch die Platten von Schenk Konrad III. (gestorben 1363), Schenk Konrad VIII. (gestorben 1464) und dessen Gemahlin Anna von Bickenbach (gestorben 1451) sowie von den Eheleuten Philipp II. Schenk von Erbach und der Margaretha von Hohenlohe (gestorben 1469), aus der Sepultur der Erbacher im Kloster Schönau bei Heidelberg. 1932 ging die Doppelgrabsteinplatte von Ulrich und Elisabeth von Erbach über den Luzerner Kunsthandel an das National Art Museum in Saint Louis, Missouri; 1943 kamen die Grabplatten des Schenken Konrad III. und des Schenken Konrad VIII. in das Hessische Landesmuseum in Darmstadt. Im Gegenzug kam der Bildnisstein der Anna von Bickenbach, bisher neben dem ihres Mannes in einer Nische des unteren Bergfriedgeschosses, zur Schließung der entstandenen Lücke in die Kapelle. In Steinbach verblieb die stark beschädigte und wohl deshalb vom Transport nach Erbach ausgenommene Bildnisplatte der Anna von Erbach" (Bech-Lustenberger, 1996).

Angehörige des Hauses Erbach fanden an verschiedenen Stätten in Hessen und darüber hinaus ihre letzte Ruhe. So findet man ihre Grabdenkmäler beispielsweise außer in Erbach (Friedhof, Schloßkapelle), Michelstadt (Steinbach und Stadtkirche), und Schönau, in Alzey, Arolsen, Aschaffenburg, Bad Mergentheim, Bensheim, Birstein, Breuberg (Burgkapelle), Büdingen, Gronau,Hirschhorn, Höchst, Kirchberg (Hohenlohe), Kleinheubach, Marienborn, Meerholz (Schloßkirche) und Reichelsheim.

Um die weitere kirchengeschichtliche Entwicklung im Zusammenhang mit der Geschichte des Grafenhauses zu verstehen, bedarf es eines kurzen Vorspannes: Im Odenwald gibt es heute zwei evangelische Kirchenorganisationen: die *„Evangelische Kirche in Hessen und Nassau"* und die *„Selbständige evangelisch-lutherische Kirche"* (SELK). In der Reformationszeit entstanden bekanntlich zwei evangelische Konfessionen (lutherisch und reformiert). Es wurden verschiedene Versuche unternommen, diese beiden Konfessionen zusammenzuführen. Mit diesen Versuchen wuchs aber auch der Widerstand gegen eine staatlich verordnete Vereinigung der reformierten und lutherischen Kirchen. So kam es zur Gründung von selbständigen Kirchen durch die strenggläubigen Lutheraner und die Ablehnung der *„Einheitskirche"*. Im damaligen Großherzogtum Hessen weigerten sich 15 lutherische Geistliche, die neue Kirchenverfassung anzuerkennen. Die *„unierten"* und *„altlutherischen"* Christen standen sich trennend gegenüber. Im Odenwald entstanden in Rothenberg, Reichelsheim und Fürstenau selbständige Gemeinden. Heute gibt es solche in Rothenberg, Erbach (Schloß), Reichelsheim und Michelstadt-Steinbach (Fürstenau, Schloß). In der Folgezeit schlossen sich die selbständigen Gemeinden mit anderen *„staatsfreien"* lutherischen Kirchen zusammen und bilden heute (seit 1972) die *„Selbständige Evangelisch-Lutherische Kirche (SELK)"*. - Diese Glaubensunterschiede berührten auch die ehemalige Grafschaft Erbach, die Standesherren und das heutige Grafenhaus. Graf Franz Eberhard XV. zu Erbach-Erbach (1818 - 1884) *„trat für das Recht der lutherischen Kirche mannhaft ein und wehrte sich gegen den Einbruch der Union. Er sagte sich von der Autorität des Kirchenregiments los und schloß sich der vom Staat unabhängigen selbständigen evangelisch-lutherischen Kirche an. In der Hubertuskapelle des gräflichen Schlosses fanden bald regelmäßig Gottesdienste statt. Zuvor - bis 1873 - diente die Einhardskapelle als gräfliche Hauskapelle"* (Müller 1955).

Von Gräfin Louise zu Erbach-Erbach (1819 - 1894) schreibt Müller (1955): *„Mit rührender Liebe hing sie an der selbständigen evangelisch-lutherischen Kirche, die aus dem Kampf um die Einführung der Union hervorgegangen war und die lutherische Lehre, der einst die Erbacher Grafen in ihren Landen den Zugang eröffnet hatten, unverfälscht bewahrte"*.

Von Graf Georg Albrecht zu Erbach-Erbach (1844 - 1915) weiß Müller (1955) folgendes zu berichten: *„Während der kirchlichen Kämpfe in den siebziger Jahren hatte er sich mannhaft zum lutherischen Bekenntnis gehalten und war Mitglied der selbständigen evangelisch-lutherischen Kirche geworden. Leider ließ er sich, von manchen unlauteren Ratgebern beeinflussen, gegen Ende der neunziger Jahre dazu bestimmen, zur unierten Kirche überzutreten. Doch blieb die von seinem Vater eingerichtete Hubertuskapelle im gräflichen*

Schloß der selbständigen evangelisch-lutherischen Kirche erhalten, zumal die Familien seiner Brüder Ernst und Arthur sich zu diesem Schritt nicht entschließen konnten, wären sie doch damit dem Erbe ihrer Väter untreu geworden".

Was die Religiosität von Graf Ernst zu Erbach-Erbach (1845 - 1889) angeht, so folgen wir wieder Christian Müller (1955): *„Als Graf Ernst in der Mitte der siebziger Jahre das Fundament der von seinen Vätern auf das lautere, lutherische Bekenntnis gegründeten Kirche seiner Heimat wanken sah, trat er mit seinem Vater aus der hessischen Landeskirche aus und wurde mit diesem und seinen Brüdern Georg-Albrecht und Arthur ein eifriger Verfechter lutherischen Glaubens. Als in Reichelsheim, Rothenberg und Fürstenau selbständige lutherische Gemeinden entstanden, war er den Pfarrern, die diese Gemeinden ins Leben riefen, ein hilfreicher Freund".*

Für den Grafen Arthur zu Erbach-Erbach (1849 - 1908) fand Christian Müller (1955) folgende Worte: *„Für das unverfälschte lutherische Bekenntnis, zu dem einst seine Väter schon seit Luthers Tagen gestanden hatten, trat er mannhaft ein und es war ihm eine Selbstverständlichkeit, in den kirchlichen Kämpfen der siebziger Jahre in der Gemeinschaft der bedrängten lutherischen Kirche zu verharren und nicht mit dem großen Haufen zu gehen. Darum war er mit seiner Familie ein treuer Besucher der Gottesdienste der selbständigen evangelisch-lutherischen Gemeinde, die sich in der Hubertuskapelle zu versammeln pflegte".*

Am 14. September 1997 fand der erste Ökomenische Dekanatskirchentag des Evangelischen und Katholischen Dekanats Erbach im Odenwald statt. *„Ein Herr, ein Glaube, eine Taufe - Christen gemeinsam auf dem Weg - mit Christus"* hieß das Motto. Bischof Dr. Diethardt Roth von der *„Selbständigen Evangelisch-Lutherischen Kirche (SELK)"* schrieb in seinem Vorwort zum Begleitheft dieser bis dahin einmaligen Veranstaltung unter anderem die Worte: *„Wir sind alle miteinander auf dem Weg in die himmlische Vollendung, wo es dann keine Unterschiede mehr geben wird, sondern wo wir alle eine Herde und Hirt sein werden".* Auf dem Friedhof in Fürth-Weschnitz steht ein großes Holzkreuz mit der Aufschrift: *„Im Tode sind wir alle gleich".* - Alle Gräber sind mit einem einheitlich gestalteten, schlichten Grabkreuz versehen.

19. Fortschrittlich: Graf Franz I. zu Erbach-Erbach

Das Haus Erbach hat zahlreiche bedeutende Persönlichkeiten hervorgebracht, sowohl auf kirchlichem und militärischem als auch auf wirtschaftlichem, kulturellem und sozialem Gebiet. Jeder dieser Namensträger stand für seine Zeit, und es ist schwer, für die Nachlebenden eine objektive Wertung und Würdigung zu finden. Unstrittig aber ist, daß eine der herausragendsten Persönlichkeiten Graf Franz I. zu Erbach-Erbach (1754 - 1823) darstellt. Leben und Werk dieses bedeutenden Grafen wurde erstmals von Graf Ütterodt zu Scharffenstein (Gotha o.J.), dann von L. Ferdinand Dieffenbach (Darmstadt 1879) und Willy List (Straßburg 1903) ausführlich gewürdigt. Es folgten Morneweg (Darmstadt 1924), Peter Weber (Heidelberg 1967) und Kurt Th. Dorsch (Erbach 1977).

„*Fortschrittlicher Landesvater*“ und „*Mann des Friedens und des Fortschritts*“ wird er apostrophiert. Graf Franz I. machte Erbach zu einem geistigen Mittelpunkt. Er förderte die Landwirtschaft durch Anbau von Futterpflanzen, unter anderem des Klees. Er propagierte die Düngung der Felder und er hob die Viehzucht, indem er unter anderem Musterwirtschaften wie den Viehhof in Erbach anlegte. Als Ansporn schuf er den „*Kleethaler*“ und die „*Große Feldbaumedaille*“. Der Kleethaler hatte die Aufschrift „*Ich selbst (gemeint ist der Kleeanbauer) belohne am besten*“. Die Feldbaumedaille war

Evangelische Stadtkirche und Altes Rathaus; Zeichnung Gertraude Mohr.

mit dem Text versehen „*Dem tätigsten Verbesserer des Feldbaues im Amt Erbach*". Er ließ unentgeltlich Kleesamen verteilen und vergab kostenlos Düngemittel an die Bauern. „*Zur Verbesserung des Nahrungsstandes der Erbacher Untertanen*" richtete Graf Franz eine Leinwand- und Baumwollzeugfabrik mit einer Bleicherei in Erbach ein.

1779 gründete er eine Leih- und Sparkasse, 1786 stiftete er eine „*Alimentenkasse*" als Erziehungs- und Versorgungsfonds für arme und verwaiste Kinder. „*In seiner Fürsorge als Landesvater wurde kein Beruf vergessen. Eine mustergültige, von allem Bürokratismus befreite Verwaltungsreform bildete die Grundlage seiner umfassenden Aufbauarbeit. Handel und Verkehr erfuhren durch Anlage oder Ausweitung von Straßen und Wegen laufende Verbesserungen*" (Peter Weber 1967). Hierzu stiftete er die sogenannte „*Chausseekasse*".

Auf dem Bildungssektor wirkte er fortschrittlich und mustergültig. Durch seine Anordnung wurde auch im Sommer im Erbacher Land Schule gehalten (vorher gab es nur sogenannte Winterschulen); neue Schulen wurden gebaut.

Graf Franz I. ist der Begründer der Erbacher Elfenbeinschnitzerei und -kunstdrechslerei. Auf seinen Reisen hatte er dieses Kunsthandwerk kennengelernt, sich selbst darin ausgebildet und als Meister erwiesen. Durch die Gründung zahlreicher Elfenbeinschnitzereien gab er vielen seiner Untertanen Arbeit und Brot. Er schuf die Grundlage für seine Residenzstadt als „*Stadt des Elfenbeins*", die weit über die Grenzen Hessens und Deutschlands hinaus bekannt werden sollte. Er legte somit auch den Grundstein zum 1966 eröffneten Deutschen Elfenbeinmuseum. Dieses bietet, einmalig in Europa, auf dem Hintergrund eines noch lebendigen Handwerks eine seltene Gesamtschau von Elfenbeinkunstwerken vom ausgehenden Barock bis zur Gegenwart. In jüngerer Zeit wird insbesondere Mammut verarbeitet. Die ebenso sehenswerten Sonderausstellungen werden von Kunstliebhabern aus aller Welt besucht und bewundert.

Vor allem aber ist Graf Franz I. durch seine Sammeltätigkeit von antiken Gegenständen bekannt geworden. *„So schuf Graf Franz in Erbach eine Sammlung, wie sie in Deutschland noch nicht gesehen wurde, und die auch heute noch einzig in ihrer Art dasteht, und machte sie jedermann zugänglich. Sie bildet noch heute einen Anziehungsspunkt ersten Ranges für Erbach“* (Morneweg 1924). *„Die in seinem Schlosse angelegten Sammlungen, die ein Kleinod unschätzbaren Wertes darstellen, zwingen die zahllosen Besucher immer wieder zu ehrlicher Bewunderung und verhalfen der Kreisstadt Erbach ebenso zu Weltruf wie das Elfenbein“*, schreibt Peter Weber (1967). Graf Franz verfolgte *„nicht etwa die Absicht, sich und seinen Hof mit Prunk zu umgeben. In erster Linie leitete ihn - und das ist für seine Zeit und Stellung das Einmalige - der Gedanke, seinen Odenwäldern die Sehenswürdigkeiten der Welt vor Augen zu führen, um ihnen den Blick zu weiten... Das gerade ist der großartigste Wesenszug des Grafen Franz, daß er seinen Landeskindern alles zugänglich machte und selbst ihr eifrigster Lehrer war“* (Kurt Th. Dorsch, 1977).

Im Jahr 1795 entstand unter Graf Franz der große Wildpark auf der Eulbacher Höhe, auch legte er den Grundstein zum Jagdschloß in seiner heutigen Form. 1802 schuf er dort den Englischen Garten und ließ darin viele Überreste des römischen Odenwaldlimes aufbauen. Im Jahr 1802 rief Graf Franz einen Markt ins Leben, der seinen Untertanen viel Unterhaltung und Kurzweil bieten sollte. Seine Worte machten im Erbacher Land Geschichte: *„Ein jeder macht gern seinen Kindern einen Spaß, so geht es mir mit Eulbach. Auf diesen Tag (Jacobi) möchte ich gerne einen Freymarkt, das ist ohne zu bezahlendes Standgeld, hierher nebst allen zu Märkten gehörigen Lustbarkeiten und Anlagen bestimmen“*. - An anderer Stelle schrieb Graf Franz: *„Frey und ungehindert steht der Eulbacher Garten jedem zum Genusse offen“*.

Seit 1824 wird der Eulbacher Markt in Erbach als großes Volksfest gefeiert. Es ist das größte Fest in der Region und das *„Odenwälder Volksfest“* geblieben. 1902 wurde das Jubiläum des 100jährigen Bestehens gefeiert, 1977 das 175jährige Bestehen festlich begangen.

Graf Franz I. zu Erbach-Erbach war der letzte souveräne Landesherr der ehemals reichsunmittelbaren Grafschaft Erbach. Durch den Reichsdeputationshauptschluß war die Grafschaft Erbach im Jahr 1806 mediatisiert, also an das Großherzogtum Hessen übergegangen. Graf Franz I. erlebte den letzten Zapfenstreich vor seinem Schloß. Er starb am 8. März 1823. Dem Erbacher Land bleibt er unvergessen. Sein Denkmal auf dem Erbacher Marktplatz macht seine Person auch optisch gegenwärtig.

Der Enkel, Graf Franz Eberhard XV. (1818 - 1884), ließ das berühmte bronzene Standbild des Grafen Franz I. errichten. Er blickt, in eine wallende römische Toga gehüllt, auf das gegenüberliegende Schloß. Das Denkmal wurde am 27. November 1874 eingeweiht. Graf Franz I. steht überlebensgroß auf einem quadratischen Sandsteinsockel. Dessen Vorderseite trägt die Inschrift *„Francisco Eberhardus“*. Die drei anderen Sockelseiten zeigen bronzene Brustbilder in Medaillons und stellen bedeutende und verdiente Mitarbeiter des Grafen Franz I. dar. Das eine Brustbild zeigt den Gräflichen Archivrat Kehrer (Rathausseite), das zweite den Gräflichen und späteren Großherzoglich Hessischen Regierungsrat Knapp (Mühlbrücke) und das dritte den Forstrat Louis (Bahnstraße). Der Entwurf stammt von dem Erbacher Künstler und Bildhauer Philipp Willmann. Sein Schriftzug und das Jahr der Entstehung ist auf der Rückseite des Bronzesockels vermerkt.

„Ohne allen Byzantinismus (höfische Schmeichelei) *kann und muß die Generation der Gegenwart bekennen, daß Graf Franz I. in seiner schlichten Größe, seinem fortschrittlichen Geist und besonders in seiner ausgeprägten sozialen Gesinnung ein nacheifernswertes Vorbild geblieben ist, bis in unsere Tage hinein“*. Diese Worte von Kurt Th. Dorsch (1977) sind wohl bis heute gültig.

Graf Franz I. zu Erbach-Erbach (1794 - 1823), Denkmal auf dem Erbacher Marktplatz.

20. *Erläuchtig:*
ADEL - DAMALS UND HEUTE

Das gräflich und fürstliche Haus (die Angehörigen der Linie Erbach-Schönberg sind seit 1903 in den Fürstenstand erhoben worden) ist eine der typischen Familien des hohen, einst reichsunmittelbaren Adels (Uradel, Geburtsadel, regierende Häuser), die sich im Verein der deutschen Standesherrn zusammengeschlossen haben. Die Grafen von Erbach waren als Regenten die oberste Instanz in dem von ihnen regierten Land. Ihnen war man zur Gefolgschaft verpflichtet, so wie die Grafen dem Oberhaupt des Reiches verpflichtet waren, den Königen und Kaisern, bis zum Ende des Reichs, 1806.

„*Von Gottes Gnaden*", lautet das Prädikat, auf das die ehemaligen Reichsunmittelbaren Anspruch erhoben und wovon sie ihre Autorität ableiteten. Autorität „*Von Gottes Gnaden*" war für die Erbacher Dynasten niemals Alibi für absolutistische Auswüchse. Sie verstanden unter Autorität Schutz, Hilfe, Fürsorge und Förderung (Hexenverbrennung und Revolutionen hat es im Erbacher Land nie gegeben, und das Engagement der Obrigkeit im Bauernkrieg wurde nicht als Rachefeldzug benutzt).

Die Rheinbundakte vom 12. beziehungsweise 19. Juli 1806 setzte fest, daß der Großherzog von Hessen-Darmstadt über die Grafschaft Erbach und die Herrschaft Breuberg alle Souveränitätsrechte ausübt (Mediatisierung). Die Grafen zu Erbach wurden mediatisierte Reichsstände oder Standesherren. Dies sind die ehemaligen reichsunmittelbaren und reichsständischen, 1806/15 mediatisierten fürstlichen und gräflichen Häuser, die weiterhin zum hohen Adel gehörten und bis 1918 mit Auflösung der Monarchie in Deutschland Standesvorrechte behielten, zum Beispiel erblichen Sitz in der I. Kammer (Ständekammer) der Landtage. Gustav Simon, Chronist des Hauses Erbach, schreibt 1858: *„Demnach ist vorerst den Grafen zu Erbach von ihren früheren Berechtigungen als Dynasten und Ständen 'des heiligen Römischen Reiches Deutscher Nation' wenig mehr geblieben, als ihr Rang als Glied des hohen Adels, ihre Ebenbürtigkeit mit allen souveränen Fürstenhäusern der Christenheit, ihre Domänen: das Erbe ihrer Väter in Grund und Boden, und - ihre Geschichte"*.

Die Erbacher Grafen sind Patronatsherren. Wir finden den *„Grafenstuhl"* und das Grafenwappen noch in verschiedenen Gotteshäusern des Erbacher Landes.

Das Patronat ist kein Kirchenamt, sondern besteht inhaltlich aus Rechten und Pflichten, die einer physischen oder juristischen Person gegenüber einer Kirche/Kirchengemeinde zusteht. Zumeist handelt es sich in unserem Raum um ein Personal-Patronat, das entweder höchst persönlich vererblich ist oder einer Familie zusteht. Das Patronat wird erworben durch Schenkung von Grund und Boden, Erbauung und Ausstattung einer Kirche oder Instandhaltung der Gebäude. Das bedeutsamste Recht ist das Präsentationsrecht bei Wiederbesetzung einer freigewordenen Pfarrstelle. Als Ehrenrechte des Patronatsherren gelten Anspruch auf einen besonderen Kirchenstuhl, auf eine bevorzugte Begräbnisstätte oder Errichtung von Ehrenmalen oder Gedenktafeln in der Kirche. Den Rechten entsprechen die Pflichten, zum Beispiel zur Erhaltung der kirchlichen Bauten beizutragen. Das Patronat wird heute ausschließlich unter dem Gesichtspunkt des Privilegs betrachtet. Als Rechtsgrund gilt nicht mehr Gewohnheit, Privileg (z.B. Geburt) oder sonst ein Rechtstitel.

Das Präsentations-Privileg der Grafen zu Erbach resultiert rechtlich nicht aus ihrer früheren standesherrlichen Funktion, denn in Hessen sind seit 1919 (Weimarer Reichsverfassung) die standesherrlichen und grundrecht-

Im Städtel; Zeichnung Gertraude Mohr.

lichen Patronate aufgehoben. Fraglos ist jedoch das Patronat durch das Haus Erbach geschichtlich bedingt.

Es ist „*die jahrhundertealte Verbundenheit der Patronatsherrenfamilien mit ihren Patronatskirchen ... Ein gegenseitiges Abkommen zwischen der Kirche und dem Grafen wurde bisher nicht geschlossen; deshalb bestehen Patronat und Präsentationsrecht hier nach wie vor. - Wir sind keine Untertanen mehr. Wir kennen die geschichtliche Entwicklung und können mit der alten Überlieferung leben*“ (Professor Hans Werle, 1962, zitiert nach Diersch, 1998).

Das Namensrecht adliger Personen folgt wie das aller Bürger Deutschlands dem Persönlichkeitsrecht, welches das Grundgesetz der Bundesrepublik garantiert und regelt. Während das Namensrecht juristisch geregelt ist, unterliegt die Anredeform eher moralischen Normen und Empfindungen und dem Geschmack. Die Anrede ist eher eine Form der Höflichkeit oder des sogenannten „*guten Betragens*“, des Anstandes. Die Adjektive „*Wohlgeboren*“, „*Hochgeboren*“, „*Hochwohlgeboren*“, „*Erlaucht*“, „*Durchlaucht*“, „*Königliche Hoheit*“, „*Fürstlich*“ *und* „*Gräflich*“ müssen nicht länger groß geschrieben werden. Es waren Titel oder Prädikate, die von Kaiser und König verliehen wurden. Zuerst gehörten Titel oder Prädikat nur dem Haupt der Familie. Die früher übliche Anredeform von Adelspersonen und Vorgesetzten in der dritten Person Mehrzahl (pluralis majestatis) ist passé. Auch die Anrede mit „*Durchlaucht*“ (= durchstrahlen, helleuchten) gegenüber Personen im Fürstenrang *(„Titel fürstlicher Personen“)* oder mit „*Erlaucht*“ (= erleuchten, aufleuchten) gegenüber Personen im Grafenrang *(„Titel für Reichsgrafen“)* gehört juristisch der Vergangenheit an. Es ist eine Frage der Höflichkeit, ob Anschriften beziehungsweise Anreden mit S.D./I.D. (Seine/Ihre Durchlaucht) oder S.E./I.E. (Seine/Ihre Erlaucht) formuliert werden. Die Adelsbezeichnung Fürst/Fürstin, Graf/Gräfin ist Einleitungsform (Präambel), (Adels-) Prädikat oder (Adels-) Titel (Titularien), ebenso wie Prinz und Prinzessin, die Kinder von Fürsten/Fürstinnen (Titel kann auch Anredeform bedeuten); hier gehen die Definitionen ziemlich durcheinander!

Eindeutig ist hingegen folgendes: Adelsbezeichnungen sind seit dem 14. August 1919 Bestandteil des bürgerlichen Familiennamens (Artikel 109 Absatz 3 Satz 2 Weimarer Reichsverfassung in inhaltlicher Verbindung mit

Artikel 123 Absatz 1 Grundgesetz), sofern sie vor Inkrafttreten der Weimarer Reichsverfassung erworben worden sind. Deshalb gehört zum Geburtsnamen (= Familiennamen) eines Kindes auch eine Adelsbezeichnung, wenn sie Bestandteil des gemeinsamen Ehenamens ist.

Bei fürstlichem Stand ist zu beachten, daß nur dem Chef einer Adelslinie das Recht zusteht, seinem Namen die *„Präambel"* beziehungsweise den Titel/die Adelsbezeichnung/das Prädikat *„Fürst"* zuzusetzen, wo hingegen den übrigen Mitgliedern des jeweiligen Fürstenhauses die Titel beziehungsweise der Namensbestandteil *„Prinz"* oder *„Prinzessin"* zusteht und so vom Standesbeamten auch eingetragen werden muß, auch wenn die Eltern als Fürst/Fürstin standesamtlich registriert sind.

Im örtlichen Telefonverzeichnis für das Mümlingtal (vorletzte Ausgabe) sind Angehörige aller drei Linien zu Erbach vertreten; in Erbach: Erbach-Erbach (Franz) Graf zu; Erbach- Erbach Margarethe Gräfin zu; in Michelstadt: Erbach-Fürstenau Eugen Graf zu; Erbach-Fürstenau Raimund Graf zu; Erbach-Erbach Eberhard Erbgraf zu; in Bad König: Erbach-Schönberg Maynolf Prinz zu (Angehöriger der 1903 gefürsteten Linie Erbach-Schönberg).

Die ältesten Angehörigen des Hauses Erbach nannten sich *„Pincerna de Erpach"*, also Schenken v o n Erbach. Simon (1858) meint: *„Von der Mitte des 14. Jahrhunderts an unterschied sich die ältere Linie von den beiden jüngeren auch im Namen. Die Schenken von der Linie zu Erbach schrieben sich von dieser Zeit an gewöhnlich Herren zu Erbach, weil sie zu Erbach ihren Wohnsitz hatten, während sich die von den beiden jüngeren Linien Herren von Erpach nannten"*. Da sich die jüngere Forschung den Termini *„jüngere und ältere Linie"* in Simons Sinn nicht anschließen kann, hat eine solche Klassifizierung beziehungsweise Begründung wenig Sinn.

Noch im 15. Jahrhundert schrieben sich die Alt-Erbacher gelegentlich *„von"* Erbach. Auch die Angehörigen der Linie Fürstenau (Reichenberg) seit ihrer Entstehung Mitte des 14. Jahrhunderts (Stifter dieser Linie ist Johannes I., 1277 - 1296) nannten sich so, nachdem sie ihren Wohnsitz zu Fürstenau genommen hatten: Herren von Erbach. Erasmus von Erbach (1466 - 1503) - mit ihm starb die Linie der Alt-Erbacher aus - nahm den Titel an *„Herr zu Erpach und Bickenbach"*. Eberhard XIII. (1476 - 1539) von der Linie Erbach-Fürstenau nannte sich *„Herr von Erbach und Bickenbach"* und *„Eberhard Schenk Herr zu Erbach"*. Sein Wappen aus dem Jahr 1504 und das Bickenbacher Rautenwappen finden sich an der Eberhardsburg, einer Kunstruine im Eulbacher Park, erbaut 1818/19 von Graf Franz I. für seinen Enkel Eberhard XV. (1818 - 1884). Die eingemauerten steinernen Bauurkunden stammen von der Wildenburg, der Kellerei in Michelstadt und vom Schloß Reichenberg.

Die Angehörigen des jüngeren Astes Michelstadt der Reichenberg-Fürstenauer Linie nannten sich ebenfalls *„von Erbach"*. Ab dem 16. Jahrhundert wird bei der Linie Erbach-Erbach die Präposition *„zu"* allgemein üblich. Spätestens ab der letzten Teilung (1731) in die heute noch bestehenden drei Linien Erbach-Erbach, Erbach-Fürstenau und Erbach-Schönberg wird das *„zu"* als Namensbestandteil für alle Angehörigen des Hauses Erbach verbindlich. Der Titel *„von"* des Geschlechts in Verbindung mit dem Siedlungsnamen soll hinweisen auf den Ort ihres Ursprungs, das *„zu"* gibt Auskunft über den Wohnsitz. Die gemeinsamen Präpositionen als Titel *„von und zu"* war bei den Erbachern nie üblich.

Genealogie der Grafen zu Erbach-Erbach

(von 1754 bis heute, auszugsweise)

Franz I. zu Erbach-Erbach und von Wartenberg-Roth, Herr zu Breuberg, Wildenstein, Steinbach, Curl und Ostermannshofen (1754 - 1823)

Franz **Karl** II. Friedrich Ludwig Wilhelm Graf zu Erbach-Erbach etc. (1782 - 1832)

Franz **Eberhard** XV. Graf zu Erbach-Erbach etc. (1818 - 1884)

Franz **Georg Albrecht** IV.
Graf zu Erbach-Erbach etc. (1844 - 1915)

Franz **Arthur** Ludwig Adalbert
Graf zu Erbach-Erbach etc. (1849 - 1908)

Franz **Erasmus**
Graf zu Erbach-Erbach etc.
(1883 - 1920)

Konrad
Graf zu Erbach-Erbach etc.
(1881 - 1940)

Alexander
Graf zu Erbach-Erbach etc.
(1891 - 1952)

Franz **Eberhard** XVIII.
Graf zu Erbach-Erbach etc.
(1922 - 1943)

Franz August Gustav Adam Hubertus
Friedrich Wilhelm Hans Karl
Graf zu Erbach-Erbach etc.
(* 1925)

oo 1. Ehe 1952 Margarete Prinzessin zu Waldeck und Pyrmont (aufgelöst 1979)

oo 2. Ehe 1979 Christa Blösinger

Alexandra Polyene
Elisabeth Bathildis
Amelie Ingrid
zu Erbach-Erbach etc.
(* 1955)

Erbgraf Franz **Eberhard** XIX.
Wittekind Botho Heinrich
Nikolaus Georg-Wilhelm
zu Erbach-Erbach etc.
(* 1958)

Franz **Magnus-Alexander**
Eginhard Andreas Philipp
zu Erbach-Erbach etc.
(* 1982)

oo Ulrich Bugil

oo 1985 Alexandra Maria Luise Hermine Dora Prinzessin Reuß

Felicitas
zu Erbach-Erbach etc.
(* 1987)

Georg Albrecht
zu Erbach-Erbach etc.
(* 1989)

Konrad
zu Erbach-Erbach etc.
(* 1991)

21. Niederadlig:
DIE ECHTER (VON MESPELBRUNN)

Im Erbacher Städtel hatte die niederadlige Familie *„Echter“* zwei Burg(mannen)sitze (3. Burgsitz). Der eine lag am früheren unteren Tor (heute Optikergeschäft *„Brillen-Walther“*, Brückenstraße 2) an der Mümling an der Nordostecke der Städtelmauer, der andere in der Mitte der nördlichen Städtelmauer; es ist die Stelle des heutigen Tempelhauses (4. Burgsitz) mit seinen markanten Treppengiebeln. Zu diesem Echterschen Hof gehörte ein beachtlicher Gebäudekomplex, unter anderem ein Fachwerkhaus, in das ein Privatmann eingezogen ist.

Peter Echter und seine Gemahlin Gertraud von Adelsheim erbauten 1545 dieses stattliche Wohnhaus, heute *„Städtel 17“*. Über der Tür sind ihre beiden Wappen (Familienwappen, Allianzwappen) angebracht, jüngst in der (fast) richtigen Tinktur renoviert. Noch 1980 schrieb Wolfram Becher: *„Nur wird leider das Adelsheimische ständig falsch bemalt: Der Schild müßte weiß (silber) und nicht rot tingiert sein. Die Echter führten ... einen mit drei blauen Ringen belegten silbernen Querbalken (Schrägbalken, von rechts nach links gehend) im blauen Feld“*. Allerdings ist das Echter-Wappen immer noch nicht korrekt tingiert: Die drei auf dem silbernen Querbalken liegenden Ringe müßten sich auch im Inneren dieser Ringe auf silbernem Grund abheben und nicht auf rotem Untergrund. Erst in jüngster Zeit wurde diese Wappen-

Partie im Städtel; Zeichnung Gertraude Mohr.

tafel renoviert. Auch in der Helmzier gibt es farbliche Ungereimtheiten. Auf den Büffelhörnern wiederholt sich auch das Wappenbild in entsprechenden Farben: der mit den drei blauen Ringen belegte silberne Querbalken, der sich um die Hörner herumwindet. Diese Farben sind fehlerhaft wiedergegeben.

Die Inschrift, die in den Buntsandstein eingeschlagen ist, wurde mit goldgelber Farbe nachgezogen. Diese lautet:
PETER ECHTER GERTRAU(D) GEBORNE VON ADELZHEIM und die Jahreszahl 1545.

Bei dieser Art der Darstellung von Ehewappen spricht man auch vom *„gekonterten (gegeneinander, erwidernd) Respekt“* oder von der Courtoise, der Höflichkeit, der Ritterlichkeit, die dadurch heraldisch zum Ausdruck gebracht werden soll.

Die Helmzier des Echter-Wappens besteht aus zwei Büffel- oder Stierhörnern, die jeweils mit dem Schrägbalken und den drei Ringen belegt sind. Das Wappen von Adelsheim zeigt in der Helmzier das Wappenbild: das Steinbockshorn. Zwischen den beiden Hörnern wächst ein Frauenrumpf. Die Beschreibung des Wappens lautet: In silbernem Schild ein schwarzes Steinbockshorn.

Die ältere Echterlinie erlosch 1460 (Burgsitz 3). Die jüngere Linie mit dem 4. Burgsitz behielt diesen bis zum Erlöschen im Jahr 1665. Anfang des 15. Jahrhunderts traten die Echter in kurmainzische Dienste und erbauten dann im Spessart die Wasserburg Mespelbrunn, nach der sich das Geschlecht von nun an nannte.

Julius Echter war Neubegründer der Universität in Würzburg und Erbauer des Juliusspitals. Sein Wappen mit den drei Ringen trifft man an vielen Bauten im Würzburger Raum an.

Peter Echter und Gertrud von Adelsheim, die sich mit ihren Wappen im Erbacher Städtel verewigt haben, sind die Eltern des im selben Jahr (1545) der Wappenanfertigung geborenen Julius Echter, Fürstbischof von Würzburg (1573 - 1617). Er hat demnach seine Jugend in Erbach verlebt und ist im Städtel herumgetollt.

Graf Ernst zu Erbach-Erbach (1845 - 1889) beschreibt das Echter-Wappen so und liefert uns noch eine Wappensage dazu: *„Das Echterische*

Wappen ist auf blauem Grund ein silberner Schrägpfahl mit drei blauen Ringen. Die Sage bietet eine ganz kostbare Erklärung dafür. Auf der Jagd im Spessart in des Echters Waldrevier soll Hermann Echter das Pferd des Mainzer Erzbischofs, dessen Marschalls und sein eigenes an einen Pfahl mit drei Ringen gebunden und zum Andenken vom Erzbischof den Echterpfahl ins Wappen bekommen haben".

Die Echter treten schon im 12. Jahrhundert als Vasallen (Gefolgsmann, Lehensmann) der Erbacher auf. Nach Becher (1980, 1984) stammen die Echter aus dem Brensbacher Raum, Becher (1984) und Steinmetz (1991) bringen sie mit der Burg Schnellerts über Kainsbach-Stierbach in Verbindung, wieder Becher (1984) auch mit der Wasserburg Waldau im oberen Ulfenbachtal (Grasellenbach-Wahlen). In jüngster Zeit will Steinmetz (1996)

Drei Ringe im Wappen: Grabplatte der Jutta Starkerad an der Stadtkirche in Michelstadt (links); Wappen des Julius Echter von Mespelbrunn in Würzburg (rechts).

die Echter als ehemalige Vasallen der Markgrafen von Baden verstanden wissen, mit Ursprung im Raum Mosbach-Wimpfen- Sulzfeld. Es wird erwogen, ob nicht die Wappengruppe mit dem Schrägbalken auf das Schrägbalkenwappen der Markgrafen von Baden als deren Vasallen zurückzuführen ist.

Cordula vom Habern (erwähnt 1485) heiratete Philipp Echter von Mespelbrunn d.J. und wurde dadurch zur Großmutter des Würzburger Fürstbischofs Julius Echter von Mespelbrunn. Ihre Mutter ist Cordula von Frauenberg zum Haag, Witwe des Schenken Georg I. von Erbach (gestorben 1481). Die Ehe der Tochter mit Philipp Echter stellt damit eine Stiefverschwägerung zu der alten erbachischen Ministerialfamilie dar (Becher 1980, Martin 1993). Letzterer meint, daß möglicherweise auch Hans Echter eine Schenkin aus dem Hause Erbach zur Frau hatte. Man sieht daraus das hohe Ansehen der Vasallenfamilien Echter und vom Habern.

Die Echter waren mit den Niederadligen *„Dub(h)orn"*, auch *„Starkerad"* genannt, den *„von Weckbach"* verwandt. Sie führten alle das gleiche Wappen. Die Sage erzählt: Im 12. Jahrhundert sollen drei Brüder auf ihrer Burg Weckbach im Ohrnbachtal als Raubritter gelebt haben, von wo sie durch Kaiser Barbarossa vertrieben und in die Acht erklärt (daher: *„Ächter", die Geächteten)*, in den Spessart fliehen und sich dort heimlich am *„Echterpfahl"* treffen. Tatsache ist, daß die Echter Besitzer der ehemaligen Burg in Weckbach (heute Kirche) waren und ihren Wohnsitz, wie oben erwähnt, vom Odenwald in den Spessart verlegten (Wolfert 1977).

Die *„Drei Ringe im Wappen"* auf dem Schrägbalken (rechts-links) treffen wir noch an anderen Stellen im Kreisgebiet:

1. Am Grabstein der Jutta Starkerad von Breuberg an der Nordaußenwand des Schiffes der Stadtkirche zu Michelstadt. Sie starb als letzte der Familie Duborn/Starkerad 1492 in Michelstadt. Sie ist die Witwe des Fritz von Erlebach (dessen Wappen an der Kirche zu Weckbach).
2. Auf einer Grabplatte in der Einhardbasilika in Steinbach. Es ist dies wahrscheinlich das Wappenbild des Ritters Hermann Duborn, der mainzischer Burgvogt von Fürstenau war (gestorben 1341) oder das Grabdenkmal für seinen Sohn Werner Duborn (gestorben 1401), der in Michelstadt einen Burgsitz besaß. Nach neuer Auffassung soll es sich bei diesem Grabstein um den der Nonne Grete Duborn (um 1345) handeln.

Allianzwappen Duborn-Starkerad/Weinsberg im Scheitel des Turmportals der Bergkirche in Mümling Grumbach.

3. Im Scheitel des Portals der Bergkirche in Mümling-Grumbach. Hier handelt es sich um ein Stifterwappen in Allianz (hier Elternwappen) mit dem Wappen der Herren von Weinsberg (um 1365). Das linke Wappen wird dem Geschlecht der Duborn/Starkerad-Breuberg zugeordnet (Wolfert 1977).

22. *Sagenumwoben:* DIE VOM HABERN

Auch die vom Habern (auch von dem Habern, von Habern) sind ein altes Erbachisches Vasallengeschlecht und trugen zahlreiche Lehen im heutigen Odenwaldkreis. Sie gehören zur Wappengruppe *„zwei Beile"*. Hierher gehören unter anderem die Adelsfamilien: *„von Eschenbach"*, *„Lesch"* und *„Sturmfeder von Oppenweiler"*.

Von der Familie von oder vom Habern gibt es kaum Nachweise vor 1400 (Wolfert 1977). Die vom Habern hatten zuerst den 2. Burgsitz in unmittelbarer Nähe des mittleren Wehrturms der östlichen Städtelmauer, der heute die Sakristei der Stadtkirche bildet. Früher war er der Chor der Kapelle im Städtel. Als die Kapelle erbaut wurde, mußte dieser Burgsitz im heutigen Kirchenbereich aufgegeben werden. Die vom Habern bezogen daraufhin den 6. Burgsitz und letzten Alt-Burgsitz dieser Vasallensiedlung, genannt *„Habermannsburg"*, früher auch *„Habermännischer Hof"*, heute *„Im Städtel 26"*. Dieser Burgsitz lag zwischen westlicher Städtelmauer und Schloßmauer. Die spätere renaissancezeitliche Bausubstanz läßt von der einstigen Wehrhaftigkeit fast nichts mehr vermuten. Am umgebauten Treppenhaus sieht man hoch oben über dem Portal unterhalb des zweiten Fensters das gotisch stilisierte Wappen derer vom Habern: zwei mit dem Rücken gegeneinander gekehrte Beile (*„Barten"*) oder Streitäxte, dazu die Jahreszahl 1515, links und rechts der Helmzier. Die beiden Beile wiederholen sich in der Helmzier, eingezeichnet in zwei Flügel. Die Farbangaben schwanken. Die Beile werden entweder rot in Silber angegeben oder aber es sind silberne Beile mit goldenen Stielen im blauen Feld. Vielleicht handelt es sich hierbei um verschiedene Linien.

Die exakte Wappenbeschreibung für die letztere Version lautet: „*In Blau zwei goldengestielte silberne Beile (Streitäxte) nebeneinander; Helmzier: offener blauer Flug, jeder Flügel mit dem Schildbild bezeichnet; Decken: Blau-silbern*“ (Wolfert 1986).

Unklar ist, wovon sich der Name sprachlich ableitet. Die Familie nennt sich auch einmal „*von den Hauern*“. Auch an die Ableitung von Haber = Hafer ist gedacht worden. „*Ob die beiden mit dem Rücken zueinander gekehrten Beile in ihrem Wappen einen Bezug auf den Namen haben, ob sie vielleicht Hauen bedeuten sollen, vermag nicht angegeben zu werden*“, meint Ernst Graf zu Erbach-Erbach (1886, 1918, 1989). Damit hätten wir ein redendes Wappen vor uns (Haber = Hauer). Nach diesem gräflichen Chronisten sollen die vom Habern übrigens drei Burgsitze im Erbacher Städtel besessen haben. Die vom Habern saßen hier seit dem Jahr 1424 (nach Verlassen des zweiten Burgsitzes). Vorinhaber der „*Habermannsburg*“ waren die Cunz von Brensbach, ebenfalls Lehnsträger der Schenken von Erbach. Das Geschlecht vom Habern erlosch im Mannesstamm im Jahr 1565 (Schäfer 1891) mit Hans vom Habern. Nach anderer Version (Wolfert 1986) erlosch die Familie mit dem zuletzt 1599 genannten Wolfgang von Habern.

Woher kommen die vom Habern? Wolfgang Martin (1993) will nachweisen, daß das Niederadelgeschlecht aus dem Amt Habitzheim stammt und dort seine Stammburg hatte. Sie scheinen ursprünglich Lehnsträger der Herren von Bickenbach gewesen zu sein und sollen aus der Vasallität dieser Edelherren in die der Schenken von Erbach übergegangen sein.

Die Echter und die vom Habern waren miteinander verwandt, auch mit den Herren von Erbach, wenn auch nur in angeheirateter Weise. Die Witwe des Schenken Georg I. von Erbach (gestorben 1481), Cordula von Frauenberg-Haag, ging eine zweite Ehe mit Johann vom Habern ein, was für das hohe Ansehen dieser Vasallenfamilie spricht. Deren Tochter Cordula vom Habern heiratete Philipp Echter von Mespelbrunn, was an anderer

Stelle schon erörtert wurde. Sie und ihr Bruder Wilhelm vom Habern sind von Mutterseite Halbgeschwister Eberhards XIII. von Erbach (Martin 1993). Marschall Wilhelm von dem Habern hat sich unter der Führung von Schenk Eberhard XIII. (ab 1532 Graf Eberhard I.) zu Erbach-Erbach maßgeblich an der Niederwerfung des Bauernaufstandes beteiligt.

Das Wappen der vom Habern finden wir in näherer Umgebung auch am Herrenhaus der Freiherren von Gemmingen-Hornberg in Fränkisch-Crumbach (Straßenfront). Philipp von Rodenstein und dessen Gattin Margareta geborene vom Habern errichteten 1574 das Herrenhaus und haben ihr Ehewappen in einer sehr prunkhaften Wappentafel anbringen lassen. In der Ahnenprobe der Margareta taucht das Wappen der vom Habern in der Prunktafel nochmals auf. Dieses Wappen trifft man auch auf einer gußeisernen Ofenplatte eines Schmuck- oder Kastenofens aus dem Jahr 1573 im Herrenhaus. Der dazugehörige Ofenstein mit ebenfalls diesem Wappen und der Jahreszahl 1573 steht im Park des Schlosses.

Ein ähnliches Wappen, die beiden mit dem Rücken zueinander gekehrten Beile, findet sich im Bereich der Pfarrkirche St. Johannes in Mosbach/Unterfranken: einmal im Gitter des Sakramentshäuschens im Innern der Kirche, einmal auf einem Grenzstein auf dem Kirchhof. Über den Beilen steht das Johanniterkreuz. Das Wappen gehört dem Komtur Andreas Sturmfeder (1611, 1613), einem Angehörigen des Geschlechts Sturmfeder von Oppenweiler, das mit denen vom Habern verwandt ist.

Schon früh hat sich die Sage derer vom Habern bemächtigt. Die Tradition im Volk verbindet die letzten Angehörigen dieses Niederadelsgeschlechts mit drei Kreuzen im Wald, dem „*Habermannskreuz*". „*Einige hundert Schritte jenseits der Wirtschaft zum Habermanns Kreuz zweigt rechts eine alte Straße ab. Zwischen ihr und der Chaussee sehen wir die Reste dreier uralter Sühnekreuze, der 'Habermannskreuze', welche, im Volksmund mit den Erbacher Herren von Habern in Zusammenhang gebracht, zu den 'Habermannskreuzen' geworden sind*", schreibt Morneweg (1924). Mößinger (1935) erzählt die Sage so: „*Drei Brüder der Herren von Habern (die Habermänner) hatten als schlaue Wilddiebe an dieser Stelle einen riesigen Hirsch getötet. Sie wurden dabei überrascht und auf Befehl der Grafen von Erbach erschossen*". Da die drei Kreuze im 16. Jahrhundert Habermuskreuze hießen, ist die

„Habermannskreuz“, Sühnekreuze unweit der Eulbacher Höhe.

Verbindung mit dem Geschlecht der Herren von/vom Habern naheliegend, aber wohl nur Erfindung. Nicht der geringste Hinweis deutet auf einen mißstimmenden Vorfall zwischen den Erbacher Grafen und ihren Lehensleuten hin. Im Gegenteil: Verwandtschaftliche Verbindungen und Beziehungen schließen eigentlich das aus, von dem die zitierte Sage berichten will. In Dorf-Erbach erzählt man sich noch eine andere Version dieser Sage, die auf die ältere Namensform „*Habermus-*“ oder „*Habermuskreuze*“ zurückgreift. Danach sollen Hafermäher an der besagten Stelle in Streit geraten sein und sich mit Sensen gegenseitig umgebracht haben.

1939 wurde die Grabstelle, an der die Habermänner verscharrt worden sein sollen, durch Archivar Philipp Buxbaum (Michelstadt) geöffnet; gefunden wurde - nichts!

23. Zugezogen:
Zeitbos, Reibnitz und Ochsenstein

Am 5. Alt-Burgsitz im Erbacher Städtel finden sich gleich zwei Wappensteine. Doch zunächst etwas über die Bausubstanz und ihre Besitzer.

1601 kauften die Vasallen, die im ersten Burgsitz (heute Städtel 1) ihren Burgsitz (Burgseß) hatten, die Brüder von Kotwitz, das Anwesen des fünften Burgsitzes (heute Städtel 32, evangelischer Kindergarten) von der damaligen Besitzerin, der Amtmännin „*Zeitbosin*" und trugen dasselbe dem Hause Erbach zu Burglehen auf.

Später ist dieses Anwesen, auf dem ursprünglich die Vasallenfamilie „*Pavey*", „*Bafey*" oder „*Baffei*" und deren Ganerben, die Rabenolde und Ganse von Otzberg saßen, unter der Bezeichnung „*Reibnitzischer Hof*" bekannt geworden. Zeitweise war er Wohnung für den gräflichen Forstmeister.

Die Beamtenfamilie Zeitbos besaßen das Anwesen, darunter ein hübscher Fachwerkbau mit massivem Untergeschoß und Kellergewölbe, zwei Generationen lang. Die Kotwitz behielten diesen alten Burgsitz über das 17. Jahrhundert hinweg. Ihre Lehensnachfolger waren die Freiherren von Mairhofen. Dann wurden der Gräflich Erbachische Geheime Rat von Trebnitz und danach der Hofkavalier von Reibnitz Besitzer des in die Geschichte weit zurückreichenden Anwesens.

Graf Ernst zu Erbach-Erbach (1845 - 1889) erwähnt als erster das Wappen der Familie von Zeitbos am Reibnitzschen Hof, eine *„Sanduhr mit der Ziffer 1545, (die) heute noch über der Kellertüre prangt“* und jetzt von Efeu fast völlig überwachsen ist und deshalb lange Zeit gar nicht mehr zu sehen war. Schäfer (1891) erwähnt dieses Wappen in seinen Kunstdenkmälern ebenso wie das Allianzwappen *„des späteren Besitzers Joseph Karl Heinrich von Reibnitz-Krensau und seiner Gemahlin Rebecca geb. von Ochsenstein“*. Morneweg (1924) berichtet, daß im Jahr 1490 der besagte Hof an die Familie Zeitbos überging und daß im 18. Jahrhundert dort der Geheime Rat von Trebnitz wohnte sowie der Hofkavalier von Reibnitz. Morneweg erwähnt nicht nur das Wappen der Zeitbos, sondern auch das des Herren von Reibnitz, dessen Wappen *„auf dem Podest der Freitreppe“* erhalten ist. Das Wappen der Familie Zeitbos im Türsturz des Kellergewändes zeigt eine Sanduhr, wie sie oft auch auf alten Grabsteinen zu sehen ist, darüber einen Stern wie der der Erbacher Schenken und Grafen; es ist ein redendes Wappen in Anspielung auf die Zeit; das *„-bos“* könnte als vom althochdeutschen Wort *„bosi“* abgeleitet verstanden worden sein, was soviel heißt wie *„hinfällig“*, *„nichtig“*, *„gering“* oder *„wertlos“*. Zeitbos könnte für das geflügelte Wort stehen *„Unwiederbringlich entrinnt die Zeit“*.
Links und rechts begleitet wird das Wappen von Ziffern, die zusammen die Jahreszahl 1545 ergeben. Das Wappen ist sehr gut erhalten, was wohl auf die Witterungsbeständigkeit des hellen Buntsandsteins zurückzuführen ist.

Das Allianzwappen (linker Hand) derer von Reibnitz-Krenzau/von Ochsenstein ist hingegen sehr stark verwittert. Die beiden einander zugeneigten Wappenschilde auf der satteldachartig gestalteten Buntsandsteintafel sind in ihrer inhaltlichen Darstellung und Aussage nur schwer zu erkennen. Die beide Wappenschilde umgebende Ornamentik ist sparsam, nur noch schwach ist die über den Schildhäuptern ruhende Krone der Freiherren erhalten. Unter den beiden Wappen sind zwei gerahmte Texttafeln zu sehen, die folgenden Text in lateinischen Großbuchstaben tragen:

(links) CARL . HENRICH
. VON . REIBNITZ
. ET . CREUSAU
(Versehen des Steinmetzen, soll wohl CRENSAU heißen)
(rechts) MARGARETHA REBECA VON REIBNITZ
G . V . OCHSENSTEIN.

Mit der Besprechung der Wappen Zeitbos und von Reibnitz/Ochsenstein sind wir am Ende unserer wappenkundlichen und heimatgeschichtlichen Rundreise angekommen. Sie führte uns über den Schloßhof in Erbach, durch das Städtel, die Stadt Erbach und ihre Umgebung, durch den Odenwaldkreis und gelegentlich über ihn hinaus.

Die eben genannten Familien wurden nicht aus Rang- oder Standesgründen mit ihren Wappen hintangestellt, sondern an den Schluß gesetzt, weil sie räumlich den Schlußpunkt unseres Rundgangs durch das Erbacher Städtel setzen. Die meisten Besucher Erbachs beachten sie sicherlich überhaupt nicht. Wir wollen sie dem Vergessensein entziehen. Das Wappen Zeitbos befand sich - zuletzt gänzlich unbeachtet - unter einer dichten Laubbedeckung rankenden Efeus. Erst ein kräftiger Freischnitt brachte es wieder ans Tageslicht.

In diesem Zusammenhang fallen uns wieder - wie zu Beginn unserer Führung - Worte Schillers ein:

**„Ich kann die alten Gräber nicht vergessen,
wie tief sie auch im Unkraut schon vergehn“.**

Wir wandeln dieses Dichterwort in unsrem Sinn ab und formulieren:

**„Ich kann die alten Wappen nicht vergessen,
wie schwer sie auch im Efeu sind zu sehn“.**

Schloßhof; Zeichnung Gertraude Mohr.

Zur Genealogie des Hauses Erbach-Erbach

Eberhard I (um 1150)
Eberhard II. (1184)
Gerhard I. (1221, 1223)
„Der Schenk von Erbach“ (1247, 1251)
Konrad I. (1251 - 1290)
Eberhard V. (1277 - 1296)
Konrad III. (1303 - 1360)
Eberhard VIII. (1339 - 1372)
Eberhard IX. (1372 - 1425)
Konrad IX. oo Anna von Bickenbach (1423 - 1463)
Philipp IV. (1430 - 1480)
Erasmus oo Elisabeth von Werdenberg zum Heiligenberg (1460 - 1503). Mit ihm stirbt die die Erbacher Linie im Mannesstamm aus. - Die Linie Erbach-Fürstenau übernimmt.
Eberhard XIII. oo Maria von Wertheim (1470 - 1539). Er erwirbt 1532 die Grafenwürde und wird Stammvater aller späteren Grafen von Erbach (als Graf: Eberhard I.).
Eberhard XIV. (als Graf: II.) oo Margarethe, Rheingräfin von Salm (1511 - 1564)
Georg IV. (als Graf: II.) oo 1. Anna von Sayn-Wittgenstein, 2. Anna von Solms-Laubach, 3. Dorothea von Reuß-Plauen, 4. Maria von Barby.
Ludwig III., „Der Ritter“, (1579 - 1643). Seine Söhne sterben vor ihm. Die Regentschaft geht an den Bruder Georg Albrecht I. über.
Georg Albrecht I. (1597 - 1647)
Georg Albrecht III. (1648 - 1717)

Philipp Karl (1677 - 1736) Stifter der Linie zu Fürstenau	Georg Wilhelm (1686 - 1757) Stifter der Linie zu Erbach-Erbach oo 1. Sophie Charlotte von Bodmar 2. Leopoldine Sophie Wilhelmine, Wild- und Rheingräfin zu Dhaun und Kyrburg	Georg August (1691 - 1758) Stifter der Linie Schönberg

Franz I. oo 1. Luise Charlotte zu Leiningen (1754 - 1823), 2. Charlotte Luise von Wartenberg
Franz Karl II. (1782 - 1832)
Franz Eberhard XVI. (1818 - 1884)
Georg Albrecht IV. (1844 - 1915) oo Erika Juliane zu Stolberg-Stolberg
Arthur (1849 - 1908), Bruder zu Georg Albrecht IV.
Konrad (1881 - 1940)
Alexander (1891 - 1920), Bruder zu Konrad
Franz II. (* 1925)
Eberhard XIX., Erbgraf (* 1958)

Erläuterung zur Stammtafel

In dieser genealogischen Darstellung wird nur die Linie Erbach-Erbach berücksichtigt. Es sind nur die Personen aufgeführt, die zur Regierung kamen. Die in Klammern mitgeteilten Jahreszahlen sind Lebensdaten. Der Stammbaum weist 26 Generationen auf und umspannt rund 850 Jahre.

Genealogien vom Haus Erbach gibt es im wesentlichen drei: die von Gustav Simon (1858): *„Die Geschichte der Dynasten und Grafen zu Erbach und ihres Landes“* (Frankfurt/Main), die von Karl Morneweg (1908): *„Stammtafel des mediatisierten Hauses Erbach“* (Stuttgart, 2. Auflage) sowie die von Walter Möller (1950) in: *„Stammtafeln westdeutscher Adelsgeschlechter“* (Darmstadt). Walter Möller (1950) fußt weitgehend auf der Stammtafel von Karl Morneweg (1908), desgleichen Christian Müller (1955): *„Geschichte des Gräflichen Hauses Erbach-Erbach von 1818 bis zur Gegenwart“* (Neustadt an der Aisch).

Bei den immer wiederkehrenden Vornamen Eberhard, Konrad, Philipp, Georg und Georg Albrecht variiert bei Simon und Morneweg/Möller/Müller gelegentlich die Zählweise. So wird Schenk Konrad (1303 - 1360) bei Simon als III., bei Morneweg als IV. gezählt; ähnlich verhält es sich bei Schenk Eberhard (1372 - 1425) IX. (Simon) und X. (Morneweg), Schenk Philipp (1430 - 1480) IV. (Simon) und II. (Morneweg), Schenk Georg (1548 - 1605, als Graf II.) IV. (Simon) und III. (Morneweg), Graf Georg Albrecht (1648 - 1717) III. (Simon) und II. (Morneweg) und Graf Franz Eberhard (1818 - 1884) XVI. (Simon) und XV. (Morneweg).

Glossar

Abbreviatur	Abkürzung
Äbtissin	Vorsteherin eines Frauenklosters
Ahnenprobe	Nachweis der adligen Abstammung
Allegorie	bildliche Darstellung eines abstrakten Begriffes/Ausdruckes für etwas nicht Anschauliches
Allianzwappen	Ehewappen
Allod	Allodialbesitz, Freigut, im Gegensatz zu Lehen oder Erbpacht
Arabeske	Flächenverzierung mit verschlungenem Blatt- und Rankenmuster
Attika	fensterloser Aufbau über dem Hauptgesims, zur Verdeckung des Daches
Baldachin	in der Baukunst: kleines, von Säulchen getragenes Schutzdach
Blätterkapitäl	Kapitell, mit Blattwerk geschmückter Kopf einer Säule
Blasionierung	Wappenbeschreibung
Byzantinismus	Unterwürfigkeit
Charge	Dienstgrad
Chiton	langes, hemdartiges Gewand, insbesondere der altgriechischen Tracht
Chronogramm, Chronostichon, Chronodistichon	ein Satz, in dem die römischen Buchstaben, die zugleich Zahlenwert besitzen, die Jahreszahl nennen des Ereignisses, auf das sich der Satz bezieht; in Versform: Chronostichon, Chronodistichon
Domäne	Domanialgut, Kron-, Kammer- oder Staatsgut
Domdekan	geistlicher Vorsteher eines Domkapitels
Domkantor	Würdenträger eines Domkapitels, der für den gottesdienstlichen Gesang zuständig ist
Domkapitular	Mitglied eines Domkapitels, auch Domherr
Dompräbendar	Einkommensverwalter eines Domkapitels
Dynast	Herrscher
Epitaph	Grabmal mit Inschrift, Erinnerungsmal
Erbbestand	Pacht- oder Leihbesitz eines Guts oder einer Mühle, die wie Eigentum in der Familie vererbt wird und nur beim Aussterben der Familie heimfällt
Ganerben	Mitanerbe
Gebälk	Bauglied zwischen Fries und Gesims
Genealogie	Familienkunde
Genius/Genien	Schutzgeist, Schutzgeister
Gesims	Waagrecht verlaufendes vor die Wand tretendes Bauglied
Heraldik	Wappenkunde, Blasionierung: Wappenbeschreibung
Himation	mantelartiger Überwurf der Griechen in der Antike, aus einem rechteckigen Stück Wollstoff bestehend, über dem Chiton getragener Mantel
Kämmerer	Verwalter der Finanzen
Kanonikus, Kanoniker	Chorherr, Mitglied eines Domkapitels oder Kollegiatstiftes
Karniesgesims, Karnis	Bauglied von S-förmigem Querschnitt, beliebter Bestandteil des Gesimses
Kartusche	Rolle, aus halbausgerollten Bändern/Blättern gebildeter Zierrahmen, Zierwerke bei Bauten
Komtur	Leiter einer Kommende, Niederlassung eines Ritterordens

Konsole	Vorsprung an der Wand, Balkenstütze
Konventualin	Geistliche in einem Kloster
Kredenz	Anrichtetisch, -schrank, Schenktisch
Laterne	durchbrochene Bekrönung einer Kuppel oder eines Turmes
Lettner	Chorschranke, meist verzierte Brüstung oder Abgrenzung des Priesterraumes vom Gemeinderaum in Kirchen
Lukarne	Dachfenster
Majuskel	großer Buchstabe
Manierismus	Stilrichtung der bildenden Kunst mit extremer Betonung von Bauelementen, gewollte Übertreibung
Marstall	gräfliche/fürstliche Stallung für Pferde
Medaillon	in die Wand eingelassenes Rundrelief, mit Bild, Zahl oder Buchstabe, Schmuckform besonders des Barock
mediatisiert	mittelbar geworden, von Souveränen, die zwischen 1803 und 1815 ihre Reichsunmittelbarkeit verloren
Ministerialen	Mitglieder des hohen Adels, Beamte im Dienst von König und Kirche; später unfreie Dienstmannen der Fürsten, im Rittertum aufgehend
Minuskel	kleiner Buchstabe
Miribota	ritualisiertes Abwehrauge, z.B. Fischblase, spätgotisches Ornament, besonders im Maßwerk von Kirchenfenstern
Motte	Kleinstburg, Turmburg
Patronat	Eigentum an den Niederkirchen, insbesondere das Vorschlagsrecht für den Pfarrer; oft verbunden mit weiteren Rechten
Pilaster	ornamentaler geschmückter Pfeiler, meist mit der Wand verbunden
Prädikant	Prediger
Präsentations-Privileg	Präsentationsrecht, das Recht, für eine geistl. Stelle Personen vorzuschlagen
Primogenitur	Erbfolgerecht des Erstgeborenen in der ungeteilten Herrschaft
Priorin	Stellvertreterin einer Äbtissin
Rentkammer	gräfliche Behörde zur Verwaltung von Einnahmen, Begriff auch auf Gebäude übertragen
Replik	vom Künstler original wiedergegebene Kopie eines Kunstwerkes
Remise	Unterstellraum für Wagen
Rollwerk	(vor-)barockes Ornament vornehml. des 17. Jh. in bandartig gerollt. Formen
Sarkophag	meist reich verzierter steinerner Sarg
Scholaster	Domschulmeister
Sepultur	Begräbnisstätte
Sprenggiebel	nicht geschlossenes Giebeldreieck über dem Gewände von Portal und Fenster, Renaissance und Barock
Standesherrn	die 1806 mediatisierten, bis dahin reichsunmittelbaren Familien des hohen Adels (Fürsten und Grafen)
Swastika	indisches Hakenkreuz als Sonnensymbol
Tartschenschild	Schild mit Einschnitt zum Einlegen der Lanze
Tingierung	Farbgebung
Vasall	Lehnsmann, Untertan
Versalie	großer Anfangsbuchstabe
Volute	schneckenförmige Verzierung, besonders am Kapitell/Kapitäl
Zoigl	magisches Zeichen, Sechsstern, Zeichen der Bierbrauer

LITERATUR

BANSE, Andrea:	Die Einhards-Basilika zu Michelstadt. Wandel und Funktion eines Kulturdenkmals für eine Region (Wissenschaftliche Hausarbeit zur ersten Staatsprüfung für das Lehramt an Grundschulen), Michelstadt 1997.
BECHER, Wolfram und Alfred F. WOLFERT:	Die Ahnenwappen des Mainzer Erzbischofs Dietrich Schenk von Erbach. In: Aschaffenburger Jahrbuch für Geschichte, Landeskunde und Kunst des Untermaingebietes, Band 5, Aschaffenburg 1972.
BECHER, Wolfram:	Die Bilder der Stuckdecke im Rittersaal des Johann-Casimir-Baus auf Burg Breuberg. In: Beiträge zur Erforschung des Odenwaldes und seiner Randlandschaften, Band II, Breuberg 1977, S. 127 - 154.
BECHER, Wolfram:	Michelstadt und Erbach. Zwei romantische Städte im Odenwald, Amorbach 1980.
BEEH-LUSTENBERGER, Suzanne	siehe LUDWIG, Thomas (1996).
BUXBAUM, Philipp:	Beiträge zur Siedlungs- und Wirtschaftsgeschichte des Odenwaldes, Textband und Plansammlung, Michelstadt 1928.

ERBACH-ERBACH, Graf zu, Ernst:	Aus der Geschichte Erbachs. In: Quartalblätter des Historischen Vereins für das Großherzogtum Hessen, Darmstadt 1886; vgl. auch Beilage zum Centralanzeiger für den Odenwald, Erbacher Kreisblatt, Nr. 39 - 46, Erbach 1918 und Erbach - Aus der Geschichte von Stadt und Grafschaft Erbach, Bd. 1, Erbach 1989, S. 25 - 84.
DIEFFENBACH, L. Ferdinand:	Graf Franz zu Erbach-Erbach, Darmstadt 1879.
DIERSCH, Ingeborg u.a.:	Erbach - einst und jetzt (= Aus der Geschichte von Stadt und Grafschaft Erbach, Band 3), Erbach 1992.
DIERSCH, Ingeborg:	Patronat und Präsentationsrecht der Grafen von Erbach. In: Odenwald-Heimat Nr. 3, 73. Jg., Darmstadt 1998, Seite 10-11
EHRIG, Paul:	Historische Grenzsteine im hessischen Odenwald. In: Beiträge zur Erforschung des Odenwaldes und seiner Randlandschaften, Band IV, Breuberg 1986, S. 489 - 508.
HEIDENREICH, Magda:	Wesentliches und Unwesentliches aus einer weltoffenen südhessischen Familie, Darmstadt 1980.
HEIM, Georg und Willy SPATZ:	Die Gräfl. Sammlungen im Schloß Erbach, Erbach o.J.

HÖRETH, Friedrich:	Forstrat Louis in Eulbach. Züge aus dem Leben eines Originals, Erbach 1959.
HUSSMANN, Heinrich:	Über deutsche Wappenkunst, Wiesbaden 1973.
JOSEPH, Paul:	Die Münzen des Gräflichen Hauses Erbach, Berlin 1887.
KLEBERGER, Elisabeth:	Territorialgeschichte des hinteren Odenwaldes (= Quellen und Forschungen zur hessischen Geschichte, Band 19, herausgegeben von der Hessischen Historischen Kommission Darmstadt), Darmstadt 1958.
LIST, Willy:	Franz, regierender Graf zu Erbach, Straßburg 1903.
LIST, Willy:	Jagdschloß Eulbach, ein gräflich Erbach'scher Sommersitz, Erbach 1910.
LUDWIG, Thomas u.a.:	Die Einhards-Basilika in Steinbach bei Michelstadt im Odenwald. Mainz 1996 (Text- und Tafelband).
MARTIN, Wolfgang u.a.:	Aus dem alten Erbach (= Aus der Geschichte von Stadt und Grafschaft Erbach, Band 4), Erbach 1993.
MÖSSINGER, Friedrich:	Was uns der Odenwald erzählt, Band 3, Darmstadt 1955.

MÖSSINGER, Friedrich: Bergwerke und Eisenhämmer im Odenwald, Heppenheim 1957.

MORNEWEG, Karl: Stammtafel des mediatisierten Hauses Erbach, Stuttgart 1908.

MORNEWEG, Karl: Graf Franz zu Erbach und seine Schöpfungen, Darmstadt 1924.

MORNEWEG, Karl: Führer durch Erbach im Odenwald, Darmstadt 1924.

MÜLLER, Christian: Geschichte des Gräflichen Hauses Erbach-Erbach von 1818 bis zur Gegenwart (= Bibliothek familiengeschichtlicher Arbeiten Band XVII), Neustadt/Aisch 1955.

NIKITSCH, Eberhard J.: Die Stadtkirche Michelstadt als Begräbnisstätte. In: Die Stadtkirche Michelstadt aus dem Jahr 1490, S. 99 - 159 (= Rathaus- und Museumsreihe Band 9), Michelstadt 1991.

OHNE VERFASSER: (Alexander Röder) Erbach und seine berühmten Sammlungen (= Festschrift 150 Jahre Eulbacher Markt), Erbach 1952.

OHNE VERFASSER: Die Gräfl. Sammlungen im Schloß, Erbach o.J.

OSWALD, Gert: Lexikon der Heraldik, Mannheim, Wien, Zürich, 1984.

REITZ, Heinz:	Zur Geschichte der Papier- und Pappenfabrikation im Odenwaldkreis. In: Beiträge zur Erforschung des Odenwaldes und seiner Randlandschaften, Band VI, Breuberg-Neustadt 1997, S. 449 - 466.
RICHTER, Roland u.a.:	Erbach. Aus der Geschichte von Stadt und Grafschaft. Band 1, Erbach 1985.
RICHTER, Roland und Reinhard ROCHE:	Das Erbacher Fest- und Bürgerbuch (= Aus der Geschichte von Stadt und Grafschaft Erbach, Band 5), Erbach 1995.
RÖSINGER, Georg (Gestaltung):	Englischer Garten Eulbach, Erbach o.J.
SATTLER, Peter W.:	Marie Charlotte Gräfin zu Ysenburg-Büdingen. Zur Familiengeschichte des Hauses Ysenburg-Büdingen und Erbach. In: Die Heimat, monatliche Beilage zur „Odenwälder Heimatzeitung" (Erbacher Kreisblatt), Nr. 3, März/April 1968 (ohne Seitenangabe).
SATTLER, Peter W. u.a.:	Auf den Spuren der Johanniter im Odenwald, Pfungstadt 1982.
SATTLER, Peter W.:	Mossautal. Wie es früher war, Horb/Neckar 1988.

SATTLER, Peter W.:	Heraldische Relikte des Johanniter-Ordens im Odenwald. In: Der Odenwald. Zeitschrift des Breuberg-Bundes, 38. Jg., Heft 4, Breuberg 1991, S. 123 - 141.
SIEBMACHER's Großes Wappenbuch, Nachdruck Neustadt/Aisch:	Wappen des Hochadels Wappen des Adels in Württemberg Wappen des bayerischen Adels Wappen des hessischen und thüringischen Adels Wappen des preußischen Adels Wappen des niederdeutschen Adels Wappen des preußischen Adels Wappen des niederösterreichischen Adels
SCHÄFER, Fritz:	Erbach in alten Ansichten, Zaltbommel/Niederlande 1981.
SCHÄFER, Georg:	Kunstdenkmäler im Großherzogthum Hessen. A. Provinz Starkenburg, Kreis Erbach, Darmstadt 1891.
SCHÄFER, Karl:	Odenwaldgeschichten, Darmstadt 1908 und Brensbach 1987.
SCHARFFENBERG, Graf Ütterodt zu:	Franz, regierender Graf zu Erbach-Erbach, Gotha o.J.
SCHMIDT, Frank:	Ev.-luth. Stadtkirche Erbach/Odenwald, Regensburg 1994.
SCHNEIDER, Daniel:	Vollständige Hochgräflich Erbachische Stammtafel nebst Historie etc., Frankfurt am Main 1736.

SCHWINN, Karl: Grabmäler und Wappen in der Reichelsheimer Kirche. In: Der Odenwald, Heft 3, Breuberg 1975, S. 99 - 104.

SIMON, Gustav: Die Geschichte der Dynasten und Grafen zu Erbach und ihres Landes, Frankfurt am Main 1858; Nachdruck 1983.

WAGENKNECHT, Paul: Der Lustgarten in Erbach. Seine Entstehung und seine Geschichte, Erbach 1986.

WAGENKNECHT, Paul: Erbach - 900 Jahre - Burg und Stadt, Michelstadt 1995.

WEBER, Peter: Erbach Odw. Amtlicher Führer durch Erbach und sein Schloß, Heidelberg 1967.

WEBER, Peter u.a.: Eulbacher Markt, Erbacher Wiesenmarkt. Seine Entstehung und seine Geschichte. Festschrift, Erbach 1977.

WEBER, Peter: Aus der Geschichte von Stadt und Grafschaft, Band 2, Erbach 1989.

WOLFERT, Alfred F.: Die Ahnenwappen des Grafen Johann Casimir von Erbach (1584 - 1627) auf Burg Breuberg im Odenwald. In: Der Odenwald, 8. Jg., Heft 3, Oktober 1961, S. 74 - 87.

WOLFERT, Alfred F.: Die Wappen der edelfreien Familien des Odenwald-Spessart-Raumes in der Stauferzeit. In: Breuberg-Bund, Sonderveröffentlichung „Beiträge zur Erforschung des Odenwaldes und seiner Randlandschaften“, Band 1, Breuberg 1972, Seite 77 - 170.

WOLFERT, Alfred F.: Wappengruppen des Adels im Odenwald-Spessart-Raum. In: Beiträge zur Erforschung des Odenwaldes und seiner Randlandschaften, Band II, Breuberg 1977, Seite 325 - 406.

WOLFERT, Alfred F.: Die Abstammung der Grafen zu Erbach von Karl dem Großen. In: Beiträge zur Erforschung des Odenwaldes und seiner Randlandschaften, Band III, Breuberg 1980, S. 53 - 78.

WOLFERT, Alfred F.: Die Wappen im Lehenbuch des Kurfürsten Friedrich I. von der Pfalz - 1471 - In: Beiträge zur Erforschung des Odenwaldes und seiner Randlandschaften, Band IV, Breuberg 1986, Seite 279 - 344 und Tafeln 1 bis 16 im Anhang.

WOLZOGEN, Ernst von: Wenn die alten Türme stürzen..., Berlin 1925, Michelstadt 1996 (Nachdruck).